Gertrud Erni

Die Vaterunser-
Chakren-
Meditation

Ein heilender Weg mit
Symboltänzen, Meditationen
und Ritualen

Mit Abbildungen

Dieses Buch wurde auf chlor- und säurefreiem Papier gedruckt.

Deutsche Erstausgabe April 1994
© 1994 Droemersche Verlagsanstalt Th. Knaur Nachf.,
München
Das Werk einschließlich aller seiner Teile ist
urheberrechtlich geschützt. Jede Verwertung außerhalb
der engen Grenzen des Urheberrechtsgesetzes ist ohne
Zustimmung des Verlages unzulässig und strafbar.
Das gilt insbesondere für Vervielfältigungen,
Übersetzungen, Mikroverfilmungen
und die Einspeicherung und Verarbeitung in
elektronischen Systemen.
Umschlaggestaltung: Peter F. Strauss, unter
Verwendung eines Bildes von Brigitta Théler
Grafiken, nach Vorlagen von Brigitta Théler:
Design Studio Fleischer, München
Satz: Ventura Publisher im Verlag
Druck und Bindung: Ebner Ulm
Printed in Germany
ISBN 3-426-86044-9

2 4 5 3 1

Inhalt

Teil III

Teil IV

Esoterik

Herausgegeben von Gerhard Riemann

Nach langjähriger Tätigkeit als Musikpädagogin und Organistin ließ sich Gertrud Erni als Erwachsenenbildnerin und Musiktherapeutin ausbilden und arbeitete anschließend acht Jahre in einem Psychiatriezentrum. Vor einigen Jahren lernte sie die Vaterunser-Chakren-Meditation kennen, die Dr. Arnold Bittlinger entdeckt und entwickelt hat. Hiervon bewegt, arbeitete sie in der Folgezeit an der Ausgestaltung und Weiterentwicklung dieser Meditationsform.

Im Rahmen ihrer Tätigkeit als Erwachsenenbildnerin befaßt sich Frau Erni auch mit Sakralem Tanz und Ritualen. Sie hält Vorträge und leitet Kurse und Seminare zu Themen der Lebensvertiefung und Lebensbewältigung. Außerdem arbeitet sie therapeutisch in eigener Praxis.

Gertrud Erni ist mit einem Pfarrer verheiratet und hat drei erwachsene Kinder.

Zur Einstimmung

Wer sich nach Stille sehnt, aber aus Angst vor der inneren Leere oder dem inneren Chaos nicht wagt zu meditieren, dem kann die Vaterunser-Chakren-Meditation eine Hilfe sein. Sie ist Wort und Stille zugleich.

Geborgen im Schutz der Vaterunseraussagen können wir uns den Chakren zuwenden, die ebenso zu unserem Körper gehören wie unsere Lunge und unser Herz. Durch die Vaterunserrufe wird die Chakrenenergie kanalisiert und fließt hilfreich in unser alltägliches Leben. Ebenso wird das Vaterunser durch die Chakrenenergie dynamisiert, so daß dieses zentrale Gebet der Christenheit neu lebendig wird.

Die tiefenpsychologische Deutung des Vaterunsers und der Chakren will uns Mut machen, Verantwortung für unser Leben zu übernehmen. Die Vaterunser-Chakren-Meditation begleitet uns auf unserem Lebensweg und verhilft uns zu einer vertieften Selbsterfahrung und Gotteserfahrung. Die einzelnen Vaterunseraffirmationen sind ein Modell unserer inneren Reise. An ihnen können wir uns festhalten wie an einem Geländer.

Das vorliegende Buch ist vor allem ein praktisches Buch, das auf dem Werk »Das Vaterunser. Erlebt im Licht von Tiefenpsychologie und Chakrenmeditation« von Arnold Bittlinger basiert, jedoch um Meditationsanleitung, Symboltänze, Rituale und einiges mehr bereichert ist. Es berichtet außerdem von Erfahrungen, die Mut machen wollen, diesen heilenden Weg selbst zu gehen.

Schaffhausen, 1. August 1993   Gertrud Erni

»Es wurde mir deutlich, daß der Weg der Chakren, der Individuationsweg und die Aussagen des Vaterunsers zueinander gehören wie Leib, Seele und Geist. Und so fanden die einzelnen Aussagen des Vaterunsers zu den entsprechenden Chakren und vermählten sich mit ihnen – es entstand die Vaterunser-Chakren-Meditation.«

Arnold Bittlinger

Teil I

Vier Inseln

Vier Bereiche meines Lebens haben mich viele Jahre lang umgetrieben. Diese Bereiche lagen wie Inseln in meinem Leben und hatten kaum Kontakt zueinander.

Chakren

Das war zunächst die aufwühlende Erfahrung mit der Energie der Chakren.
Durch Gong- und Trommelimprovisationen hatte ich während meiner musiktherapeutischen Ausbildung et-

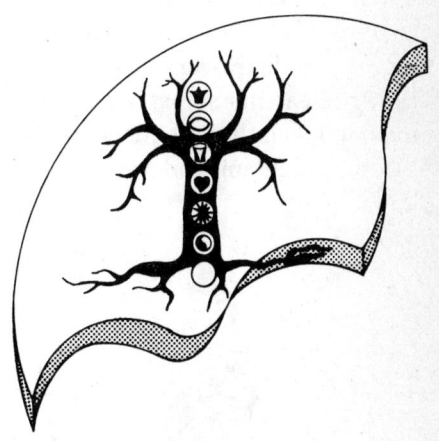

was vom Kräftepotential der Chakren erfahren, das wir aufnehmen, aktivieren und freisetzen können. Mir wurde bewußt, daß ich diese Erfahrungen nicht mehr ungeschehen machen konnte. Die Erschütterung war zu tief und hatte für mich geradezu göttlichen Charakter. Mich bewegte in der Folgezeit die Frage, warum das Wissen um die menschlichen Energiezentren so wenig bekannt war. Ob es diese Erfahrungen in früheren Jahrhunderten auch in unserem Kulturkreis gegeben hatte und ob sie dann verlorengegangen sind? Wenn dies der Fall war, wie können wir dann dieses Energiepotential neu entdecken und in unser Leben zurückholen? Dies müßte freilich so geschehen, daß die Energie der Chakren dosiert und so eingeordnet würde, daß sie sich hilfreich und nicht zerstörend auswirkt.

Mit dieser aufwühlenden Erfahrung und den Folgen lebte ich lange Zeit wie auf einer Insel.

Selbsterfahrung

Eine zweite Insel war der Weg der Selbsterfahrung.
Die Arbeit an mir selbst hatte ihren Ursprung ebenfalls in meiner musiktherapeutischen Ausbildung. Für sie gilt, daß man nicht mit anderen Menschen arbeiten und ihnen

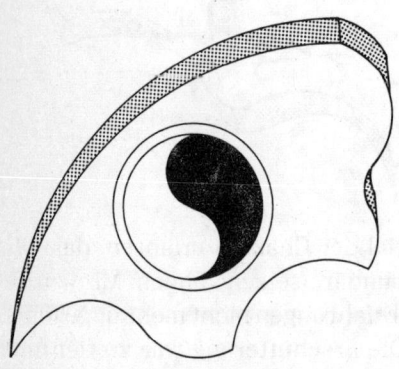

Hilfe geben kann, wenn man nicht zuvor an sich selbst gearbeitet und sich selbst geholfen hat. Dieser Weg zu mir selbst und die Arbeit an meinem Charakter war oft müh- sam und schmerzhaft. Einerseits war es manchmal Schwerstarbeit und verschlang viel Energie. Andererseits war dieser Prozeß auch faszinierend, und ich ahnte, daß Selbsterfahrung etwas mit Gotteserfahrung zu tun hat. Diese Gotteserfahrung war jedoch so verschieden von dem, was ich bisher als »Gott« und »Christentum« erlebt hatte, daß für mich dazu keine Verbindung bestand. Auch zur geheimnisvollen und damals für mich manchmal noch unheimlichen Welt der Chakren sah ich keine Brücke, und so war mein Weg der Selbsterfahrung ein isolierter Weg. Er war wie eine Insel.

Kirche

Eine dritte Insel in meinem Leben war die Kirche. Irgend- wie war ich in der Kirche beheimatet. Ich hatte eine positive Beziehung zu den Orgeln (ich war viele Jahre lang Organistin) und zu den großen schönen Räumen und Sälen, die die Kirche anbot. Ich hatte auch Freude daran, in diesen Räumen Menschen zu begegnen und mit ihnen zu arbeiten. Aber Themen, die mich zutiefst umtrieben und die mir auf der Seele brannten, waren in der Kirche nicht gefragt. Fragen nach der Selbstverwirklichung oder gar nach den Chakren lösten im kirchlichen Raum Verle- genheit und peinliche Erklärungen aus. Manchmal wurde ich sogar vor diesen Bereichen gewarnt. Und so war auch die Kirche für mich eine Insel, die keine Verbindung zu dem hatte, was mich eigentlich interessierte. Antworten auf meine bohrendsten Fragen habe ich jahrelang auf

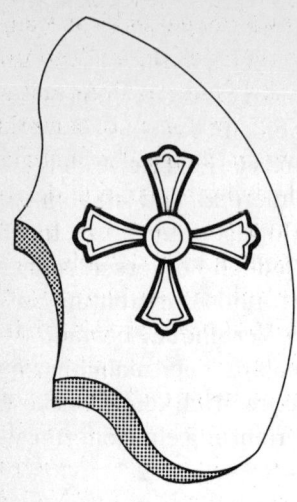

anderen Inseln suchen müssen, und ich lebte mit dieser Nahrungsfindung außerhalb des kirchlichen Geheges nicht schlecht. Doch der Wunsch nach Brücken und der Wunsch, die verschiedenen Inseln miteinander zu verbinden, blieben meine Begleiter.

Meditation

Meine vierte Insel, auf die ich mich seit vielen Jahren zurückgezogen hatte, war die Meditation.

Das Inseldasein und die damit verbundene Einsamkeit hat mich bei der Meditation am wenigsten gestört, denn irgendwie paßte dieser Zustand dazu. Die Meditationsmethoden, die angeboten werden und die ich erlernte und mir aneignete, haben mich jedoch letztlich nicht befriedigt. Wohl empfand ich das stille Sitzen und den Versuch des Leerwerdens als wohltuenden Gegenpol zu meinem bewegten Leben, doch immer wieder geriet ich in Konflikt mit den Wegen und Zielen der verschiedenen Methoden. Es machte mir Mühe, Gedanken und Gefühle, die sich während des stillen Sitzens einstellten und bemerkbar machten, einfach wegzuschieben. Selbst das »liebevolle Wegschicken« (das in einigen Meditationsmethoden eine wichtige Funktion hat) stimmte für mich nur bedingt, denn gerade in der Stille meldeten sich Gefühle, die Beachtung verlangten (und die später bearbeitet werden wollten!) – nicht nur negative Gefühle, sondern auch die göttliche Stimme in mir. Ich machte die Erfahrung, daß das, was immer wieder weggeschickt und abgeschoben wird, ins Unbewußte absinkt, also verdrängt wird. Offensichtlich entsprachen die Meditationswege, die ich bisher kannte, nicht dem, was als Sehnsucht und Vision in meinem Leben angelegt war. Eine Verbindung zu den anderen drei Inseln konnte ich nicht finden.

Und so lagen meine vier Inseln unverbunden nebeneinander. Die Thematik jeder einzelnen Insel faszinierte mich und schien mir bedeutsam, aber isoliert voneinander

führten diese Inseln ein energieraubendes Eigenleben. Die vier Bereiche, die für mein Leben wichtig waren, klafften auseinander:

- der geheimnisvolle Weg der Chakren
- der Weg der Selbsterfahrung
- der Bereich der Kirche
- die Meditation.

Die Quintessenz:
Die Vaterunser-Chakren-
Meditation

Als ich der »Vaterunser-Chakren-Meditation« begegnete,
die der Theologe und Psychologe Arnold Bittlinger ent-
wickelt hat[1], fiel es mir wie Schuppen von meinen Augen.
Jetzt wußte ich: Das ist die vereinende Mitte und die
Quintessenz, das harmonisierende Seiende meiner vier
Inseln!
In der Vaterunser-Chakren-Meditation fügen sich die vier
Bereiche meines Lebens zu einer Ganzheit zusammen.
Die Begegnung mit der Vaterunser-Chakren-Meditation
war für mich wie ein Nachhausekommen. Ich hatte das
Gefühl: »Auf diese Quintessenz habe ich schon lange
gewartet. Endlich habe ich sie gefunden! Das ist es, was
ich suchte! So stimmt es für mich!« Dieses Nachhausekommen war verbunden mit dem Gefühl des Zurruhe-
kommens. Die vier Bereiche, nämlich der Bereich der
Chakren, der Bereich der Selbsterfahrung, der kirchliche Bereich und die Meditationspraxis, die unverbunden enorme Kräfte verschlangen, begannen miteinander
zu korrespondieren. Sie fingen an, zusammenzuspielen,
einander zu begegnen und einander Fragen zu beantwor-
ten. Sie schickten einander Kräfte zu, und aus einem
verständnislosen Gegeneinander oder einem beziehungs-
losen Nebeneinander wurde ein harmonisches Miteinander.
Seit ich die Vaterunser-Chakren-Meditation kenne und
übe, haben sich die Energien in meinem Leben kanalisiert
und sind neu wirksam geworden. Eine innere Ordnung ist

entstanden, die bewirkt, daß sich auch mein äußeres Leben klarer gestaltet und besser organisiert.

In der Vaterunser-Chakren-Meditation wird die Kraft der Chakren und die darin verborgene Weisheit ernst genommen. Das große Kraftpotential dieser »Energieräder« ist jedoch nicht mehr bedrohlich, sondern es ist durch die Mantren der Vaterunsersätze kanalisiert, so daß diese Energie heilsam in alle Bereiche einfließen kann.

In der tiefenpsychologischen Deutung der Chakren und der einzelnen Vaterunsersätze leuchtet der Weg der Selbsterfahrung vor meinem inneren Auge auf und spornt mich an, ihn immer wieder neu zu begehen. Ich begegne der Welt des Bewußten mit seiner Verankerung in der äußeren Realität und der Welt des Unbewußten mit ihrem Polaritätscharakter. Ich begegne in der Vaterunser-Chakren-Meditation dem Ringen um das Miteinander der Pole und der Erfahrung, daß Gegensätze miteinander verbunden werden. Dieser Weg der Selbsterfahrung mündet dann ganz selbstverständlich in die Gotteserfahrung ein. Die Verbindung der Chakrenmeditation mit dem Vaterunser schlägt auch eine Brücke zum kirchlichen Bereich, denn das zentrale Gebet der Christenheit wird in allen Kirchen der Welt gebetet. Durch die Vaterunser-Chakren-Meditation wurden für mich die Bitten des Vaterunsers erstmals in meinem Leben bedeutsam. Sie berühren meine Seele, meinen Körper und meinen Geist. Ich erlebe, daß durch die Verbindung von Vaterunser und Chakren nicht nur die Kraft der Energiezentren des Körpers kanalisiert wird, sondern daß auch die bisher für mich nur formelhaften Sätze des Vaterunsers dynamisiert werden. Dadurch wird mein Gottes-»Glaube« zu einer Gottes-»Begegnung«. Dabei erkenne ich Gott nicht nur als ein äußeres Gegenüber, sondern auch als den göttlichen Funken

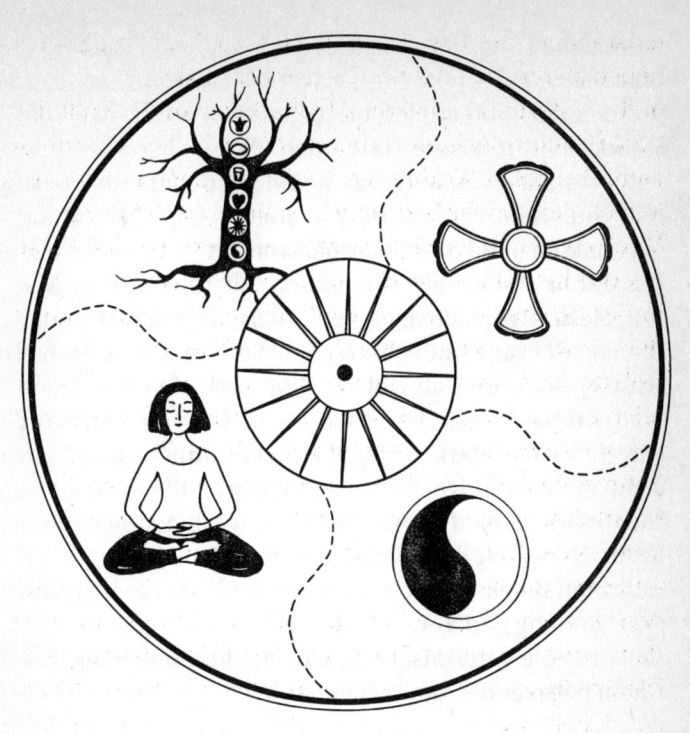

in mir. Diese Erfahrung ist für mich so überwältigend, daß das Üben der Vaterunser-Chakren-Meditation für mich geradezu lustvoll ist. Ich erlebe, was es heißt, daß »die Freude an Gott unsere Stärke« ist.

Und schließlich ist auch noch und besonders die vierte Insel integriert, nämlich die Meditation. Eine Meditation, die Chakren und Vaterunsermantren miteinander verbindet, gehört religionsgeschichtlich zur theistischen Mystik, die davon ausgeht, daß der Mensch nicht im All oder in einem Nirvana »aufgeht« (so lehrt es die »monistische« Mystik), sondern daß Gott und Mensch sich begegnen. Gott wird als Gegenüber erfahren. Im Gespräch mit Gott erfahre ich das göttliche Licht und die göttliche Kraft und Liebe in meiner eigenen Mitte. Dieser göttliche Funke in mir motiviert mich immer wieder, in Verbindung mit der Meditation auch den Weg der Selbsterfahrung zu gehen und mich hineinnehmen zu lassen in die Bewegung von Verwandlung und Veränderung.

So wurde die Vaterunser-Chakren-Meditation für mich zu einem befreienden und heilenden Weg.

Die Entstehung der Vaterunser-Chakren-Meditation

Wie ist die Vaterunser-Chakren-Meditation entstanden?
Mich bewegten viele Fragen[2].
Ein Gespräch mit Arnold Bittlinger:

G. Erni: Herr Bittlinger, Sie haben ein Buch geschrieben mit dem Titel »Das Vaterunser. Erlebt im Licht von Tiefenpsychologie und Chakrenmeditation«. Das Buch ist im Kösel-Verlag erschienen. In diesem Buch geht es Ihnen um ein ganzheitliches Beten mit Leib, Seele und Geist. Die Vaterunser-Chakren-Meditation, die Sie erarbeitet haben, ist eine Synthese zwischen dem Vaterunser, dem zentralen Gebet der Christenheit, und der indischen Lehre von den Chakren. Wie sind Sie dazu gekommen, eine solche Brücke zu schlagen?

A. Bittlinger: Mit dem Vaterunser beschäftige ich mich schon seit vielen Jahren. Ich habe dieses Gebet in Vorlesungen, Bibelarbeiten, Predigten und Meditationen ausgelegt und war dabei immer wieder neu von diesem Text fasziniert.

Als ich mich dann intensiver mit der Tiefenpsychologie befaßt habe, begann ich die Aussagen des Vaterunsers neu zu verstehen. Der Vater im Himmel, der Wille Gottes, die Versuchung, die Erlösung vom Bösen – das alles waren nicht mehr nur bedeutsame theologische Aussagen, sondern auch erfahrbare Realitäten.

Als mich dann schließlich ein indischer Yogi in die

Bedeutung der Chakren einführte, war ich erstaunt, wie ähnlich der körperbezogene Weg der Chakren dem psychischen Individuationsweg der analytischen Psychologie ist.

Mir wurde deutlich: Der Weg der Chakren, der Individuationsweg und die Aussagen des Vaterunsers gehören zusammen wie Leib, Seele und Geist. Ich erkannte die Chakren als unserem Körper eingestiftete Symbole des psychischen Individuationsweges und die Aussagen des Vaterunsers als geistig-religiöse Deutungen sowohl der Chakrensymbole als auch der einzelnen Stationen des Individuationsweges.

Und so fanden Chakren, der Individuationsweg und die Vaterunsermantren zueinander und vermählten sich miteinander. So entstand die Vaterunser-Chakren-Meditation.

G. E.: Was verstehen Sie unter Chakren?

A. B.: Nach der Lehre des Kundalini-Yoga hat der Mensch einen feinstofflichen Körper, der den physischen Körper durchdringt und umschließt. Durch diesen feinstofflichen Körper fließt Energie. Diese Lebensenergie wird symbolisch dargestellt als Schlange, die zusammengerollt am unteren Ende der Wirbelsäule liegt und schläft. Diese Schlange heißt Kundalini (»die Zusammengerollte«). Auf dem Meditationsweg geht es nun darum, diese Lebensenergie, die identisch mit dem Geist Gottes ist, zum Fließen zu bringen, so daß sie ihre heilsame Kraft entfalten kann. Der Energiefluß hat einen Hauptkanal, der entlang der Wirbelsäule von unten nach oben verläuft, vom Unterleib zum Scheitel oder – bildlich gesprochen – von der Erde zum Himmel. Wenn die Energie aufsteigt, dann fließt sie durch sieben Energiezentren, die über den ganzen Kanal verteilt sind, und diese Energiezentren heißen Chakren. Sie liegen am unteren Ende der Wirbelsäule, im Unterbauch, im Sonnengeflecht, in der Herzgegend, im Hals, an der Stirn und ganz oben auf dem Kopf. Jedes dieser Chakren hat seine ganz eigene Bedeutung für den Körper und für die Seele des Menschen. Es kann auch eine spezielle Gotteserfahrung damit verbunden sein.

G. E.: Wie verbinden Sie nun die einzelnen Vaterunserbitten mit den Chakren?

A. B.: Die Verbindung der einzelnen Vaterunseraussagen mit den entsprechenden Chakren ergibt sich ganz natürlich – fast von selbst.

Der Vater im Himmel verbindet sich mit dem obersten Chakra, das Amen mit dem untersten und die Vergebung der Sünden als Mitte und Herzstück des Evangeliums mit dem Herzchakra.

Auch die übrigen Vaterunseraussagen gesellen sich organisch zu den ihnen entsprechenden Chakren. So verbindet sich die Erlösung von der Polarisierungstendenz des Bösen mit dem Polaritätschakra und das Feuer der Versuchung mit dem Feuer des Sonnengeflechts. Der Wille Gottes und sein Reich ordnen sich dem die hintergründige Wirklichkeit erkennenden Stirnauge zu, während die Brotbitte gut zum Halschakra paßt, dem nach indischer Vorstellung der Amrita, das heißt der himmlische Nektar, zugeordnet ist.

Die Doxologie »Denn dein ist das Reich und die Kraft und die Herrlichkeit in Ewigkeit« wird schließlich zum Band, das alle Chakren miteinander verbindet.

G. E.: Sie betrachten in Ihrem Buch das Vaterunser nicht nur im Licht der Chakrenmeditation, sondern auch der Tiefenpsychologie. Welche Bedeutung hat die Tiefenpsychologie für den christlichen Glauben?

A. B.: Eine Analysandin hat mir einmal gesagt: »Durch die Psychoanalyse ist mein christlicher Glaube vom Kopf ins Herz gerutscht.« Jene Frau hat erlebt und verstanden, worum es geht. In unserer westlichen Welt ist der christliche Glaube vielfach ein Kopfglaube, der die Tiefe der menschlichen Seele kaum berührt. Es ist ein frommer Überbau über einer gottlosen Realität. Ein bekannter Psychoanalytiker meinte in einem Gespräch: »Wenn der christliche Glaube nicht auf der Couch des Psychoanalytikers festgestellt werden kann, dann existiert er auch nicht.« Ich denke, an dieser Behauptung ist etwas dran. Wenn jemand zum Beispiel sagt, er habe »Frieden mit Gott«, aber sein Unbewußtes ist voller Ängste, dann erscheint mir ein solcher Friede recht fragwürdig. Oder wenn jemand behauptet, daß er »Gewißheit der Sündenvergebung« habe, seine Schattenseite aber ständig auf andere projiziert, dann habe ich meine Zweifel an einer solchen »Gewißheit der Sündenvergebung«. Die Tiefenpsychologie hilft uns, ehrlicher zu werden. Sie entlarvt jedes Scheinchristentum, das nur in frommen Worten besteht. Sie zeigt, daß unser Körper und unsere Träume eine viel deutlichere Sprache sprechen als unser Mund.

G. E.: Was bedeutet das Vaterunser aus tiefenpsychologischer Sicht?

A. B.: Eine tiefenpsychologische Interpretation des Vaterunsers macht Aspekte deutlich, die bei einer theologischen Deutung in der Regel zu kurz kommen oder überhaupt nicht beachtet werden. Eine tiefenpsychologische Deutung verbindet die einzelnen Vaterunseraussagen mit der Erfahrung. So bedeutet zum Beispiel die Aussage »Dein Wille geschehe« aus tiefenpsychologischer Sicht nicht die Unterordnung unter die Autori-

KRONEN-
CHAKRA

STIRNAUGE

HALSCHAKRA

HERZCHAKRA

SONNENGEFLECHT-
CHAKRA
POLARITÄTS-
CHAKRA

WURZELCHAKRA

VATER UNSER IM HIMMEL,
GEHEILIGT WERDE DEIN NAME.

DEIN REICH KOMME.
DEIN WILLE GESCHEHE
WIE IM HIMMEL SO AUF ERDEN.

UNSER TÄGLICH BROT GIB UNS HEUTE.

VERGIB UNS UNSERE SCHULD
WIE AUCH WIR VERGEBEN UNSEREN
SCHULDIGERN.

FÜHRE UNS NICHT IN VERSUCHUNG.

ERLÖSE UNS VON DEM BÖSEN.

AMEN.

tät eines himmlischen Souveräns, sondern der Wille Gottes ist der Entwicklungstrieb, den Gott in seine gesamte Schöpfung, und damit auch in jeden einzelnen Menschen, hineingelegt hat. Der Wille Gottes geschieht deshalb dort, wo etwas von innen her geschieht. Der Wille Gottes ist identisch mit dem, was auch wir in der Tiefe unseres Herzens wollen. Der Wille Gottes geschieht deshalb dort, wo wir von innen her etwas geschehen lassen.

G. E.: Wie kann das Vaterunser durch die Verbindung mit der Chakrenmeditation verinnerlicht werden?

A. B.: Viele erfahren das ganz buchstäblich. Bei der Vaterunser-Chakren-Meditation strömen die einzelnen Vaterunseraussagen in den Körper ein und durchziehen mit dem Atem den ganzen Körper. Seit ich die Vaterunser-Chakren-Meditation praktiziere, spüre ich auch beim normalen Beten des Vaterunsers, etwa im Gottesdienst, die einzelnen Vaterunseraussagen an den entsprechenden Körperstellen. Hilfreich ist es, wenn wir die einzelnen Meditationsübungen mit dem Singen der entsprechenden Vokale einleiten oder mit einem Symboltanz, der die Bedeutung des betreffenden Vaterunsersatzes und des damit verbundenen Chakras unterstreicht und dadurch die Wirkung verstärkt.

G. E.: Warum ist es nötig, die Chakrenmeditation mit dem Vaterunser zu verbinden? Hätte eine Chakrenmeditation nicht auch ohne Vaterunser dieselbe Wirkung?

A. B.: Hier sehe ich eine Gefahr für uns westliche Menschen: Wir haben keine Übung im Umgang mit geistigen Kräften. Für einen Inder ist es selbstverständlich, daß er nur unter der Leitung eines Meisters, eines Gurus, den Meditationsweg geht. Durch die Öffnung der Chakren, besonders wenn eine solche Öffnung forciert wird, können geistige Kräfte in uns eindringen, denen wir nicht gewachsen sind. Durch die Verbindung mit den Vaterunseraussagen werden diese einfließenden Kräfte einerseits kanalisiert und dosiert. Sie werden gleichsam verkraftbar. Andererseits werden die Vaterunseraussagen dynamisiert, das heißt, sie erhalten Anteil an der göttlichen Kraft, die durch die Chakren in unseren Körper einströmt. Die Vaterunser-Chakren-Meditation hat also eine doppelte Wirkung: Sie dosiert und kanalisiert die geistige Kraft, die wir durch die Chakren aufnehmen, und sie dynamisiert die Aussagen des Vaterunsers.

G. E.: In Ihrem Buch sprechen Sie mehrfach vom »wahren Selbst«. Was ist damit gemeint? Ist dieses »wahre Selbst« identisch mit Gott?

A. B.: Das wahre Selbst ist das Ebenbild Gottes im Menschen. Wir könnten auch sagen, es ist der Christus in uns. Im Neuen Testament wird Christus als Abbild Gottes bezeichnet und wir als Abbild Christi. Jesus Christus wird uns im Neuen Testament als Modell für einen Menschen vor Augen gestellt, bei dem das »Ich« deckungsgleich ist mit dem »wahren Selbst«. Das Tun Jesu war identisch mit dem Tun Gottes, das Reden Jesu war identisch mit dem Reden Gottes. Jesus konnte deshalb sagen: »Ich und der Vater sind eins.« Unser wahres Selbst ist also der Christus in uns, der identisch ist mit Gott.

G. E.: Sie sprechen in Ihrem Buch auch mehrfach von Individuation. Was verstehen Sie unter »Individuation«? Wie würden Sie das theologisch formulieren?

A. B.: Individuation bedeutet »Ganzwerdung«. Die Ganzwerdung ist ein Weg, bei dem wir uns Inhalte des

Unbewußten bewußtmachen und sie – soweit dies möglich ist – in unser bewußtes Leben integrieren. Individuation ist identisch mit dem, was das Neue Testament »Umgestaltung in das Bild Christi« nennt. So schreibt der Apostel Paulus im zweiten Korintherbrief: »Wir werden in das Bild Christi umgestaltet, von einer Klarheit zur andern.« Der Dichter Hans Carossa hat es einmal so ausgedrückt: »Den kristallenen Leib im Leib lasse ich langsam Gestalt gewinnen.« Ich verstehe diese Worte so: Wie ein Kristall nach einem in ihm liegenden Plan wächst und seine Gestalt gewinnt, so werden wir hineingestaltet in das Bild unseres wahren Selbst oder – theologisch ausgedrückt – in das Bild Christi.

G. E.: Herr Dr. Bittlinger, Sie gebrauchen in Ihrem Buch indische Bezeichnungen für die Chakren und Sie interpretieren die Vaterunseraussagen unter anderem auch im Licht der indischen Bedeutungsinhalte der einzelnen Chakren. Hat unser abendländisches Christentum nicht mehr genug Kraft, um ein verinnerlichtes Beten aus seinen eigenen Wurzeln hervorzubringen? Müssen wir da Anleihen im Osten machen? Besteht da nicht die Gefahr des Synkretismus?

A. B.: Zunächst dürfen wir nicht vergessen, daß auch das Christentum aus dem Osten zu uns gekommen ist. Es ist nicht auf unserem Boden gewachsen und hat bis heute große Mühe, sich mit unserer Kultur zu verbinden. Unseren Vorfahren wurde das Christentum vielfach übergestülpt, ohne daß sie eine Chance hatten, diese neue Religiosität mit ihren eigenen Wurzeln zu verbinden. Sie wurden zum Teil gewaltsam christianisiert, ohne daß sie sich innerlich für diese für sie so fremde Religiosität geöffnet hatten. Das Christentum wurde für sie deshalb weitgehend zu einer Religion, die nicht im Boden verwurzelt war, sondern gleichsam in der Luft hing. Das wird in vielen Märchen deutlich, die ja zum großen Teil aus der Zeit der Christianisierung unserer Vorfahren stammen. So trägt zum Beispiel ein norwegisches Märchen den Titel »Vom goldenen Schloß, das in der Luft hing«, eine treffende Bezeichnung dafür, wie unsere Vorfahren das Christentum empfanden[3].

Das Christentum ist eine östliche Religion und keine westliche. Seine Wurzeln sind hebräisch und nicht indogermanisch. Die Chakren dagegen wurden zwar auch im Osten, nämlich in Indien, bewahrt und tradiert, aber von der indogermanischen Oberschicht, nicht von der Urbevölkerung. Die heiligen indischen Texte sind in Sanskrit geschrieben, also in einer indogermanischen Sprache. So grotesk es klingen mag: Kulturell steht uns die Chakrenmeditation näher als manche Passagen des für den christlichen Glauben so wichtigen Alten Testaments.

Zur Frage des Synkretismus möchte ich den Apostel Paulus zitieren: »Alles ist euer, ihr aber seid Christi.« Oder: »Prüfet alles, aber das Gute behaltet.« Ja, ich bin der Meinung, daß unser abendländisches Christentum nicht genug Kraft hat zu einer echten religiösen Erneuerung und Vertiefung, denn es ist weitgehend ein verengtes und verkopftes Christentum. Der kosmische Christus, von dem der Apostel Paulus im Epheserbrief schreibt, daß ihm »alles« untertan ist, daß in ihm »alles« zusammengefaßt ist, dieser Christus ist in unserem westlichen Christentum fast völlig ausgeblendet. Es geht deshalb darum, diesen kosmischen Christus neu zu entdecken.

Den Fußspuren des kosmischen Christus begegnen wir

in allen Kulturen und Religionen. Die Ostkirche spricht in diesem Zusammenhang von dem in die Welt ausgesäten Christus. Alles, was echt und wahr und lebensfördernd ist, gehört zu Christus und damit zum Christentum. Es geht deshalb nicht um Synkretismus, sondern um ein größeres Christentum. Aber selbst wenn wir alles Integrierbare ins Christentum integriert hätten, dann hätten wir noch längst nicht den kosmischen Christus erfaßt, sondern wir hätten nur den Saum seines Kleides berührt.

G. E.: Herr Bittlinger, ich danke Ihnen für dieses Gespräch.

Chakren sind nicht östlich, sondern menschlich

Die Kirchenglocken begannen zu läuten. Ich saß auf der Orgelbank. Langsam zog es mir die Magengegend zusammen. Aha, da war es wieder, dieses lästige Gefühl – Lampenfieber! Meistens verzog es sich nach dem Eingangsspiel oder während des ersten Chorals, aber es war unangenehm und kostete mich Kraft, die ich lieber anders eingesetzt hätte.

Man sagte mir, daß autogenes Training das Lampenfieber mildere und allmählich reduziere. Deshalb entschloß ich mich, diese Methode zu erlernen.

Und da saß ich nun im großen Wohnraum des alten Künstlers. Jahrzehnte seines Lebens hatte er in Ostasien verbracht. Kunstgegenstände und Bilder wiesen darauf hin. Er war ein alter weiser Mann mit ruhiger Ausstrahlung und hellwachen Augen. Er hieß mich, eine Hand langsam der Magengegend zu nähern, um zu erfahren, ob ich eine Wärmeausstrahlung wahrnehmen würde. Es war ganz still in dem großen Raum. Meine Hand, die sich der Magengegend näherte, wurde behutsam durch die Ausstrahlung der Wärme abgebremst.

Der Mann erklärte mir, ich hätte die Wärme des »Sonnengeflechts« gespürt. Nach einer Weile fügte er hinzu: »Das Sonnengeflecht ist eines der Chakren.« Und etwas später sagte er ganz selbstverständlich: »Die Chakren sind nicht östlich – sondern menschlich.« Und ebenso selbstverständlich sagte er an der Haustür, nachdem wir uns verabschiedet hatten: »Gehen Sie weiter auf Ihrem inneren Weg, Sie werden Wunderbares erfahren.«

Kurz nachdem ich den Einführungskurs ins autogene Training absolviert hatte, ist der alte weise Mann gestorben. Er ist eingegangen in die ewige Welt, die ihm schon auf dieser Erde so vertraut war.

Von ihm habe ich zum ersten Mal das Wort *Chakra* gehört, und er hat mich darauf hingewiesen, daß das Leben auch aus einer »inneren Reise« bestehen könne. Durch seine Ausstrahlung und Art hat er mich neugierig gemacht auf dieses Abenteuer.

Erst viele Jahre später bin ich der Realität der Chakren wieder auf die Spur gekommen. Es war während meiner musiktherapeutischen Ausbildung. Wir improvisierten auf Trommeln, Gongs und anderen Instrumenten und tasteten uns so in die Welt der Chakren vor. Wir versuchten, diese sich drehenden Scheiben zu spüren und herauszufinden, welche Schwingungen die entsprechenden Chakren aktivieren und beleben. Bei Instrumenten mit tiefen und rauhen Schwingungen, wie zum Beispiel großen Gongs und Pauken, Baßgeigen oder afrikanischen Trommeln, spürten wir eher die unteren Chakren, insbesondere das Wurzel- und das Polaritätschakra.

Bei Klanghölzern, Glocken, Xylophonen und mittleren Gongs wurden Sonnengeflecht und Herzchakra wahrgenommen und aktiviert. Bei Klangschalen, Zimbeln und schnell schwingenden hohen Tönen erlebten wir die Belebung der oberen Chakren, nämlich des Halschakras, des Stirnauges und des Kronenchakras.

Bei diesen Improvisationen wurde mir immer mehr bewußt, auf welche enormen Kräfte wir uns da einlassen.

Durch das Singen von Vokalen haben wir weitere Erfahrungen mit den Chakren gemacht. Dabei hatte ich den

Eindruck, daß sich eine Wand öffnete. Es war mir, als ob Licht und eine starke Energie aus anderen Welten in den Raum einströmen würden, die die singende Menschengruppe (und darunter mich selbst) heilend durchdrang.

Nach dieser einschneidenden Initialerfahrung machte ich mich auf die Suche und ans Experimentieren. Die Faszination trieb mich, herauszufinden, wie die Kraft, die wir durch diese »Energieräder« in unser Leben aufnehmen, konstruktiv und zielgerichtet eingesetzt werden kann. Ich wollte herausfinden, wie wir diese geheimnisvollen Organe, die wir offensichtlich besitzen, ohne daß wir es wußten, aktivieren können und wie wir diese Energien, die wir doch für die Bewältigung des Lebens und der vielen Aufgaben auf dieser Erde dringend benötigen, in unser Leben hineinholen können.

Eine erste Lektion erteilte mir die Orgel. Als ich anfing, bewußt auf die Chakren zu achten, bemerkte ich, wie stark die Chakren sich betätigten, während ich auf der Orgelbank saß und spielte. Die tiefen Bässe animierten die unteren Chakren, die hohen Pfeifen die Chakren in Hals und Kopf. Allmählich stieg auch die Erinnerung in mir auf, daß ich dieses eigenartige Kribbeln in meinem Körper schon als Kind wahrgenommen hatte, wenn ich mich jeweils am Samstagabend neben meine Tante auf die Orgelbank setzen mußte, weil sie sich in der dunklen Kirche fürchtete.

Seither habe ich viele Erfahrungen mit den Chakren gemacht und im Laufe der Zeit gemerkt, daß unser Alltag voller Geräusche, Klänge und Töne ist, die unsere Chakren anregen.

Die Natur ist voller Geräusche, die unsere ruhenden Energiezentren aktivieren. Ein tosender Wasserfall oder ein rauschender Bach wirken belebend auf unsere Chakren, aber auch Wandern und Spazierengehen bei Wind und Wetter. Wer anfängt, die wunderbaren Energieräder ins tägliche Leben zu integrieren, wird durch die bewußte Meditation sensibilisiert und spürt, was die Chakren in Tätigkeit versetzt und sie belebt.

Kürzlich traf ich einen alten Mann. Er hatte noch nie etwas von Chakren gehört, aber er wußte, was ihn belebt und ihm guttut. Sein Leben lang hatte er Alphorn geblasen und gejodelt. »Öffentlich auftreten kann ich nicht mehr, denn das Alphornblasen ist mir jetzt zu anstrengend«, erklärte er, »aber jodeln muß ich täglich, darauf kann ich nicht verzichten.«

Als ich ihn fragte, warum er das Jodeln unbedingt brauche, meinte er mit sichtbarer Begeisterung: »Das tut mir einfach gut an Leib und Seele! Ohne Jodeln könnte ich nicht leben.«

Ja, beim Jodeln, aber auch in der Volksmusik, besonders wenn mit Naturtonreihen musiziert wird, werden die Chakren besonders intensiv angeregt. Die nichttemperierten Tonfolgen sind sehr obertonreich und die Schwingungen rauher, deshalb reagieren unsere Energieräder so stark.

Dies erklärt auch das Aufleben der Volksmusik in der heutigen Zeit. Intuitiv merken die Menschen, was ihnen guttut.

Musik hören und vor allem selbst musizieren, besonders wenn dies in entspannter, lockerer Art geschieht, wirkt anregend auf unsere Chakren.

Experimentieren und Improvisieren auf Trommeln, Gongs, Celli, aber auch auf jeder anderen Art von Instrumenten, ist sehr belebend für unsere Chakren – auch ohne daß wir das betreffende Instrument von Grund auf gelernt haben.

Aber auch beim Musikhören werden Chakren angeregt. Dies wurde mir kürzlich neu bewußt bei einer Aufführung der h-moll-Messe von J. S. Bach. Die Kirche war übervoll von Menschen. Alle Sitzplätze waren besetzt, viele standen oder lehnten an Säulen, saßen auf dem kalten Steinboden, knieten oder hockten. Ich fragte mich, was diese Menschen veranlaßte, so lange, so ruhig und voller Konzentration in der überfüllten Kirche auszuharren. Gewiß, die überwältigende Musik von J. S. Bach ist eine Wohltat für Leib und Seele, aber – so ging es mir durch den Kopf – es sind vor allem die Chakren, die durch diese Musik in Schwingung versetzt werden! Die feiern ein Freudenfest! Gegen Ende der Messe hatte ich einige Male dasselbe Glücksgefühl, das ich bei der Vaterunser-Chakren-Meditation jeweils beim Mantra »Geheiligt werde dein Name« habe!

Nachdem ich diese Zeilen geschrieben hatte, schlug die Uhr am nahegelegenen Kirchturm elfmal. Das war für mich eine wunderbare Gelegenheit, die Chakren zu aktivieren. Ich unterbrach das Schreiben und wendete meine Aufmerksamkeit ganz bewußt einem Chakra nach dem anderen zu. Ich begann mit dem Wurzelchakra und stieg dann mit dem Glockenschlag in der Vorstellung zum Polaritätschakra auf, dann zum Sonnengeflecht, zum Herzchakra und zum Halschakra. Schließlich stellte ich mir vor, wie sich das Stirnauge beim Glockenschlag öffnet und wie das Kronenchakra sich drehend öffnet. Und dann begann die Glocke mit dem Elfuhrläuten. Ich öffnete das Fenster und ließ die Schwingungen der Glocken durch mich hindurchströmen. Alle Chakren wurden dadurch aktiviert. Ein leiser Frieden und ein sanftes Glücksgefühl durchwehten meine Sinne und meinen Körper.

Ich erinnere mich, daß die Bewohner des Rebbaugebiets,

in dem wir früher wohnten, beim Elfuhrläuten und beim Abendläuten mit der Arbeit aufhörten und die Rebschere oder den Besen oder was immer sie in den Händen hielten weglegten, um der Glocke zuzuhören. Ich bin überzeugt, daß der Frieden und die Ruhe, die die Menschen dabei empfanden, auch damit zusammenhingen, daß ihre Chakren durch die Schwingungen der Glocken aktiviert wurden und der Seele und dem Körper Energien zuführten – auch ohne daß diese Menschen wußten, was Chakren sind.

Heute ist uns das Wissen um die Chakren wieder zugänglich. Wir wissen, daß sie durch Gedanken, Musik, Klänge oder sonstige Schwingungen aktiviert werden und sich wie Blüten öffnen.

Silvia Wallimann beschreibt diesen Vorgang folgendermaßen: »Ich sehe die Chakren, die Energiezentren, als blütenähnliche, runde Gebilde, die in den verschiedensten Farben schillern. Ihre Größe und die Strahlkraft ihrer Farben sind von der Bewußtseinsentwicklung des Menschen abhängig. In ihrer Mitte haben sie eine kleine Vertiefung mit einem anderen Frequenzbereich als im Äußeren des Chakra. Diese Vertiefung gleicht einem Wirbel, in dem von außen einströmende Energien blitzschnell wie in einem Schlund verschwinden. Von der wirbelartigen Vertiefung zieht sich ein feiner Kanal ähnlich einem Blumenstiel direkt in das Innere der Wirbelsäule. Ich bin fasziniert von diesem Bild, denn die Wirbelsäule sieht wie ein Baumstamm aus, dem die Blumenstengel wie Äste entspringen. Die glockenförmigen Blütenkelche, also die Chakren selbst, liegen an der Oberfläche des Ätherkörpers, der den physischen Körper durchdringt und ihn zugleich wie ein Mantel, wie eine Schutzschicht umhüllt.«[4]

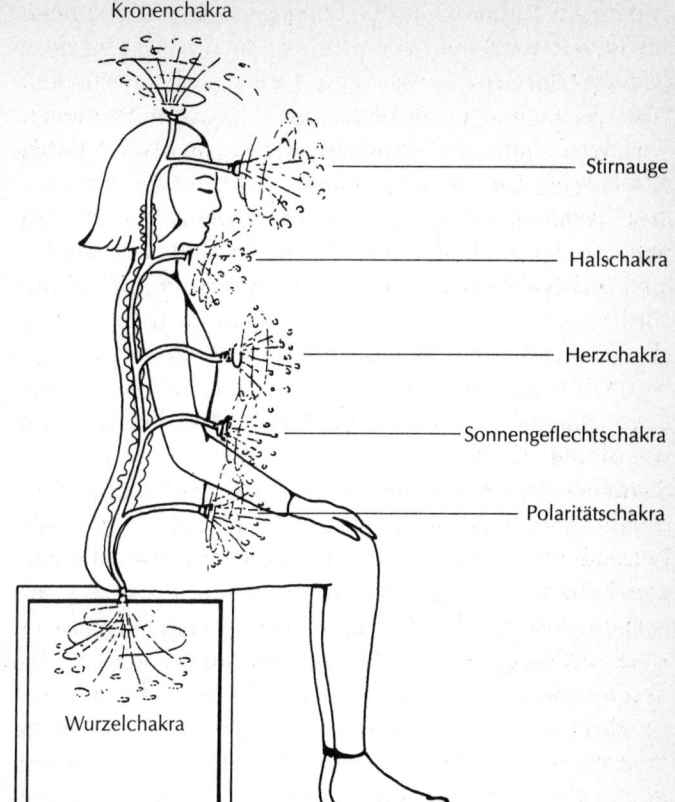

Kronenchakra

Stirnauge

Halschakra

Herzchakra

Sonnengeflechtschakra

Polaritätschakra

Wurzelchakra

41

Chakren sind nicht östlich, sondern menschlich. Sie gehören zu unserem Körper wie unsere anderen äußeren und inneren Organe.

Nach indischer Lehre ist mit jedem Chakra eine bestimmte Gotteserfahrung verbunden[5], die sich auch in den Gotteserfahrungen der Bibel spiegelt.

So begegnet uns Gott im *Wurzelchakra* als die Quelle aller Energie. Es ist die Energie des mütterlichen Gottesgeistes, der über dem Urstoff brütet[6]. Indem wir uns bewußt mit dem Wurzelchakra verbinden, üben wir das Urvertrauen zu diesem bergenden mütterlichen Gott ein.

Im *Polaritätschakra* begegnet uns Gott als der Fremde, Ferne und als der Unheimliche, dessen handeln wir nicht verstehen. Indem wir uns mit dem Polaritätschakra verbinden, erfahren wir Gott als den Gegenpol zum mütterlich-bergenden Gott.

Im *Sonnengeflechtschakra* begegnet uns Gott als der Zerstörende und Neuschaffende. Indem wir uns mit dem Sonnengeflechtschakra – auch Sonnengeflecht genannt – verbinden, erfahren wir, daß Sterben und Tod nicht das Letzte sind, sondern jeweils ein Neuanfang.

Im *Herzchakra* begegnet uns Gott als ewige Vibration. Es ist der Gott, der alles erhält und gestaltet. Indem wir uns bewußt mit dem Herzchakra verbinden, erfahren wir den alles umfassenden Gott, in dem wir »leben, weben und unser Sein haben«[7].

Im *Halschakra* kosten wir Gott als den lebenspendenden »Amrita« (= Nektar). Indem wir uns mit dem Halschakra verbinden, begegnen wir dem Gott, den wir in den Erscheinungen dieser Welt auch mit den Sinnen wahrnehmen können[8].

Im *Stirnauge* begegnen wir Gott als Weisheit. Indem wir uns mit dem Stirnauge verbinden, erfahren wir Gott als den »weisen Meister«, der den Weg kennt, den wir gehen sollen.

Im *Kronenchakra* begegnen wir Gott, der sich mit den Menschen und seiner Schöpfung vereinigt. Indem wir uns mit dem Kronenchakra verbinden, werden wir eins mit Gott und mit seiner Schöpfung. Wir erleben die verschiedenen Gotteserfahrungen nicht mehr getrennt voneinander, sondern als Einheit in uns selbst und in Gott. Gott ist in uns, und wir sind in Gott, der »alles in allem«[9] ist.

Teil II

Das Abenteuer
der inneren Reise

Das Abenteuer der inneren Reise beginnt, wenn wir anfangen, auf unsere innere Stimme zu hören. So steht mir jetzt eine Frau vor Augen, die die Schuld an den Konflikten in ihrer Partnerschaft vorwiegend dem Mann in die Schuhe geschoben hat. Nach Jahren des Kritisierens ist ihr schlagartig bewußt geworden, welche Lebensenergie sie mit ihren Überlegungen, was ihr Mann ändern könnte und müßte, verschwendete.

Sie begann, in sich hineinzuschauen, um ihrem Anteil auf die Spur zu kommen. Dann fing sie an, ein Tagebuch zu führen und zu meditieren, sie beachtete ihre Träume und begann, an der Entstehung ihrer Selbsterkenntnis zu arbeiten. Sie trat die innere Reise an. Ihre Energien wurden jetzt nicht mehr in Projektionen verschwendet, sondern umgepolt für den Aufbau des eigenen Lebens.

C. G. Jung hat diesen inneren Entwicklungsweg den »Individuationsprozeß« genannt und sagt, daß es zu den Aufgaben dieses Selbstwerdungsprozesses gehört, die Bereiche des Lebens, die noch unbewußt sind, ans Licht zu holen, um sie zur Entfaltung zu bringen oder umzuwandeln.

Bei meiner Arbeit als Therapeutin und Erwachsenenbildnerin darf ich immer wieder feststellen, daß es oft eine Lebenskrise ist, die Menschen erkennen läßt, daß es notwendig ist, sich nicht nur um die äußere, sondern auch um die innere Persönlichkeit zu kümmern. Eine Krankheit, der Verlust eines geliebten Menschen oder ein anderer Schicksalsschlag kann die Tür zur Erkenntnis öffnen, daß es außer dem alltäglichen Leben noch andere Dimensionen gibt. Krisen können zu Chancen werden. Darüber hinaus entdecken immer mehr Menschen, daß das äußere Leben nur ein Teil des Ganzen ist. Sie begeben sich auf eine innere und oft auch auf eine äußere Such-wanderung.

Sich selbst kennenlernen könnte die einfachste Sache der Welt sein, wenn wir bereit wären, uns im Spiegel der Mitmenschen zu betrachten. Ja, wir sehen uns in den anderen, besonders wenn wir uns über andere ärgern und ihren Worten, Taten oder Charakteren in Gedanken und im Gefühl nachhängen. Dann spiegeln diese Menschen uns Teile unseres eigenen Wesens wider, die uns nicht bewußt sind.

C. G. Jung nennt diesen uns unbewußten Teil unseres Wesens den »Schatten«, und diesen Schatten in anderen zu sehen, das nennt er Projektion. Unübertrefflich sagt Jesus von einer solchen Projektion:

»Was siehst du den Splitter in deines Bruders oder deiner Schwester Auge, jedoch des Balkens in deinem Auge wirst du nicht gewahr? Oder wie kannst du zu deinem Nächsten sagen: Halt, ich will den Splitter aus deinem Auge ziehen; und siehe, in deinem Auge ist der Balken? Du Heuchler, ziehe zuerst den Balken aus deinem Auge und dann magst du zusehen, daß du den Splitter aus deines Nächsten Auge ziehst.«[10]

Den Balken aus seinem eigenen Auge ziehen oder Projek-tionen »zurücknehmen« ist eine der Hauptaufgaben im Individuationsprozeß. Das bedeutet, daß uns bewußt wird, daß das, was wir auf andere projizieren, zu uns selbst gehört. Es ist ein Teil unseres eigenen Wesens. Das sind sowohl Gaben und Qualitäten als auch Fehler und von uns nicht akzeptierte Charaktereigenschaften und manches andere. Hier beginnt das eigentliche Abenteuer!

Ja, es kann schmerzhaft sein, einzusehen, daß die stolze, unnahbare Kollegin mir Aspekte meines eigenen Stolzes spiegelt. Wenn ich jedoch merke, daß ich in ihrem Verhalten meinen eigenen Stolz sehe und daß sich in einer tieferen Schicht Angst oder Verletztsein als Wurzel dieses Stolzes verbirgt und erlöst werden will, dann sehe ich plötzlich auch die unnahbare Kollegin mit anderen Augen.

Ja, es kann unangenehm sein, sich die Eifersucht auf einen Mitarbeiter einzugestehen. Doch wenn ich das, was mir dieser Mitarbeiter spiegelt, genauer ansehe, merke ich, daß es Gaben und Qualitäten sind, die darauf warten, in mir selbst entfaltet zu werden!

Es war Jesus, der uns für die Projektion und deren Rücknahme mit seinem Wort über den Splitter und den Balken die hilfreichste Formulierung gegeben hat. Und was sagt Jesus zu den weiteren Stationen der inneren Reise? Ob er da wohl auch so eine hilfreiche Wendung für uns bereit hat?

Mir will scheinen, daß die Worte »Wer mir nachfolgen will, der nehme sein Kreuz auf sich und folge mir nach!«[11] in diese Richtung gehen. Für mich sind diese Worte nicht nur die kürzeste, sondern auch die unübertreffbare Beschreibung für die innere Reise (oder eben für den Individuationsprozeß). Jesus nachfolgen ist nichts anderes, als sich auf das Abenteuer der inneren Reise einlassen. Sein »Kreuz« auf sich nehmen ist nichts anderes, als sein Leben auf sich nehmen und sich verantwortlich für dieses Leben fühlen bis in den Bereich des Körpers hinein. (Unser Körper ist ein lebendiges Kreuz!)

Wenn ich ja sage zu meinem Leben, dann will ich es auch

kennenlernen. Dann fange ich an, den Weg bewußt zu gehen, und damit hat das Abenteuer der inneren Reise begonnen.

Hinweise dazu gibt das Gebet, das Jesus uns hinterlassen hat.

Ich stelle mir vor, wie er auf dieser Erde gelebt hat, wie er ganz da war. Er blickte zum Himmel empor, überwältigt von der Schönheit Gottes, und sprach: *»Vater – geheiligt werde dein Name.«* Aus der tiefsten Tiefe seines Herzens stieg der Wunsch auf, daß das Reich des Himmels, in dem Frieden, Freiheit und Liebe regieren, sich auch auf der Erde ausbreiten möge, und er sprach: *»Dein Reich komme. Dein Wille geschehe, wie im Himmel, so auf Erden.«* Und er bat Gott um Wegzehrung für die innere und äußere Reise: *»Dein Brot, das Leib und Seele ernährt, gib uns Tag für Tag.«* Und dann sah Jesus die Menschen vor sich – in Schuld verstrickt, von der Versuchung geschüttelt und vom Bösen umgarnt, und er lehrte sie beten: *»Vergib uns unsere Schuld, wie auch wir vergeben unsern Schuldigern, führe uns nicht in Versuchung, erlöse uns von dem Bösen.«* Und dann wies er mit einer großen Gebärde von der Erde zum Himmel und wieder zurück zur Erde und sprach: *»Amen.«*

Dieses Weggebet ist so faszinierend, daß wir unmöglich beim Beten stehen oder sitzen bleiben können, dieses Gebet will gelebt werden.

Wir machen uns nun auf die innere Reise. Sie ist der Weg unseres Lebens auf der Erde. Wir verlieren jedoch dadurch nie den Himmel aus den Augen, denn es gilt, immer wieder neu die Erde mit dem Himmel zu verbinden.

Wenn wir auf unserer inneren Reise, zu der auch die Arbeit an der Selbsterkenntnis gehört, auf Jesus als Vorbild schauen, dann können wir sehen, was das Ziel dieser Reise ist: nämlich die Gottebenbildlichkeit, die Jesus auf dieser Erde sichtbar gelebt hat, auch in uns selbst wahrzunehmen und zur Entfaltung zu bringen. Das ist das Ziel der inneren Reise.

Ein Weg durch
die Chakren

Das Wurzelchakra

Der Morgen, an dem ich diese Seiten zu Papier bringen wollte, war bewegt. Das Telefon und die Hausglocke läuteten häufiger als sonst, und die junge Frau, die in unserem Haus lebte, räumte ihr Hab und Gut zusammen, weil sie vorhatte, am nächsten Tag in einen anderen Ort zu ziehen. Außerdem lieferte der Schreiner eine restaurierte kleine Kommode mit zwei Schubladen, in die ich nach dem Mittagessen das Besteck wieder einräumte. Als ich mich anschließend hinlegte, um mich zu entspannen, drehten sich die Gedanken in meinem Kopf. Ich hörte im Geist das Telefon und die Hausglocke läuten, und die Frau kam mir wieder in den Sinn, die mir mitteilte, daß ein Mann in der Nachbarschaft gestorben sei. Da dachte ich: »So, nun soll die Vaterunser-Chakren-Meditation beweisen, was sie kann; sie soll mich wieder ins Lot bringen!« Ich begann mit der Übung. Doch schnell geriet ich ins Träumen. Statt des »Amen« hörte ich, wie der Schreiner mir Ratschläge erteilte, und der Geruch der hergerichteten Kommode stieg mir in die Nase. Ich freute mich über das kleine Möbelstück, doch siehe da, es hatte nicht zwei, sondern sieben Schubladen.

»Das ist ja eine Chakrenkommode!« ging es mir durch mein träumendes Gehirn. Die sieben Schubladen waren geöffnet, und ich begann, die vielen Gegenstände, die herumlagen, einzuräumen. Während ich mir überlegte, daß ich alle Schubladen leicht geöffnet lassen wollte, erwachte ich und kehrte in die »Wurzelebene« zurück, in das »Hier und Jetzt«, das mich von allen Seiten bedrängte. Ich spürte meine Verwurzelung im Alltag, dem ich nicht entfliehen konnte und auch nicht wollte. Es ging mir durch den Kopf: Amen – so ist es! Das ist der Alltag mit seinen Aufgaben, die bewältigt werden wollen: »Ich lebe in dieser Welt, und ich lebe in diesem Augenblick.«

Aber indem ich bewußt ja sagte zu diesem Alltag, spürte ich auch die göttliche Kraft in mir, die nach indischer Lehre ihren Sitz im Wurzelchakra hat – das heißt im Hier und Jetzt, im ganz gewöhnlichen Alltag. Mir kam dieser Vers in den Sinn:

> Gott ist nicht da und dort,
> nicht in der ganzen weiten Welt.
> Er ist nur hier an deinem Ort,
> am Platz, an den er dich gestellt.

So beginnt der Weg durch die Chakren: mit dem Jasagen zum Verwurzeltsein in der Erde; und so beginnt die Individuation: mit dem Jasagen zur bewußten, vordergründigen Wirklichkeit.

Nach indischer Lehre wird Gott im Wurzelchakra als Quelle aller Energie erfahren. In der Vaterunser-Chakren-Meditation ist das Wurzelchakra mit dem Wort Amen verbunden, das in der Bibel – genau wie das östliche Om – bedeutsame Aussagen und Gebete sowohl einleitet als auch abschließt. Das Amen betont die Realität der Welt, in der wir leben.

Wir leben in dieser Welt. Wir leben jetzt in diesem Augenblick. Wir leben auf dieser Erde. Sie ist unsere Mutter. Wir spüren, daß die Erde uns trägt. Wir sind an unserem Platz fest in der Erde verwurzelt[12]. Amen.

Das Polaritätschakra

Wenn rechtsextreme Jugendliche dunkelhäutige Asylanten auf offener Straße zusammenschlagen, dann ist es nicht schwer zu durchschauen: Der Kern dieses Hasses liegt in der Angst vor dem Fremden in uns.

Abgründe, denen wir überall in unserem Leben begegnen, können überwunden werden, wenn Menschen und Gruppen bereit sind, ihre »Schattengestalten« zu akzeptieren. Ruth Cohn, die Begründerin der »Themenzentrierten Interaktion« (TZI), versucht mit ihrem Lebenswerk an diesem Phänomen zu arbeiten. Sie nennt es das »Wir-und-die-da-Syndrom«. Viele Menschen haben sich bemüht, »die da« – seien es nun Türken oder Umweltschützer, Linke oder Rechtsradikale – in sich selbst zu entdecken und somit Brücken zu schlagen.

Das Polaritätschakra macht uns die Pole bewußt, die in uns selbst auseinanderklaffen. Was hat der Flüchtlingsbetreuer mit »dem da«, der Asylantenheime anzündet, zu tun? »Wir« sind die Betreuer und Sympathisanten der Armen, die anderen sind »die da«, die Randalierer und Feueranzünder. In einer Fernsehsendung habe ich ein Gespräch zwischen Jugendlichen rechter und linker Weltanschauung mitverfolgt. Zunächst identifizierte ich mich eher mit den »Linken«. Doch dann versuchte ein rechtsradikaler »Ossi« deutlich zu machen, daß er arbeiten und lernen möchte und daß er jetzt die alten Bundesländer, die für ihn sein neues Heimatland sind, kennenlernen möchte, zum Beispiel den Schwarzwald. Während die Linken sich in der Fernsehsendung über diesen Wunsch des Rechten lustig machten, versuchte ich, mich in diesen jungen Mann hineinzuversetzen, in sein Verletztsein durch Arbeitslosigkeit und Armut, in die er und seine

Familie und sein Land geraten sind. Dabei wurde etwas in mir wach: mein eigenes Verletztsein und Unvermögen. Ich dachte auch an die Redensart: »Ein Tier, das verletzt ist, beißt und greift an.« Während die ganze Gesprächsrunde über den Wunsch des jungen Mannes, den Schwarzwald kennenzulernen, lachte, begann eine Seite in mir, diesen Rechten zu verstehen und mit ihm zu leiden. Daß wir den Gegenpol erfahren und ihn als zu uns gehörig erkennen, das ist das Thema des Polaritätschakras. (Um das »Zusammenbringen« der Pole geht es dann im nächsten Chakra, dem Sonnengeflechtschakra!)

Daß es nicht immer gelingt, den Gegenpol in sich selbst zu erkennen, macht folgendes Beispiel deutlich:

Ein Mann und eine Frau waren in eine gemeinsame Arbeit eingebunden. Sie waren jedoch in ihrer Beziehung wie Hund und Katze. Der eine sagte und dachte: »Die da« sollte dies oder jenes ganz anders machen, und die andere dachte, »der da« müßte das doch einsehen und verändern. Da träumte die Frau, sie sei mit diesem schwierigen Mitarbeiter (wie sie ihn empfand) Rücken an Rücken an ein Kreuz genagelt – sie auf der Vorderseite, er auf der Rückseite. Beim Erwachen wußte sie, daß sie die Zusammenarbeit mit diesem Mann als ein Gekreuzigtsein erlebte. Sie fühlte sich jedoch außerstande, die Charakterzüge ihres Mitarbeiters, die sie zum Verzweifeln brachten, in sich selbst zu entdecken. Die beiden trennten sich.

Ein ähnliches »Kreuz« war für die rasche, vitale Claudia die Zusammenarbeit mit Helli, die langsam arbeitete und eine negative, oft depressive Atmosphäre verbreitete. »Die bringt mich zur Weißglut«, war ihr Ausdruck für ihr Empfinden. Claudia wußte zwar theoretisch, daß eine

Antipathie gegen einen Menschen, die mit starken Gefühlen verbunden ist, mit Projektionen zu tun hat. Doch was sollte diese langweilige, mißmutige Frau mit ihr, der lebensfrohen Person zu tun haben? Sie konnte sich das nicht erklären. Sie war doch weder eifersüchtig auf Helli noch hätte sie mit irgend etwas in Hellis Leben tauschen wollen. Doch dann begann Claudia, ihre Gefühle und Gedanken, denen sie manchmal ausgeliefert war, schriftlich festzuhalten. Sie träumte auch mehrmals von Helli. Und dann beschloß die Vielbeschäftigte, die immer einen übervollen Terminkalender hatte, einige arbeitsfreie Tage allein zu verbringen. Zufällig lag der Karfreitag in diesen Kurzferien.

Am Karfreitagmorgen begann Claudia sich ihr Problem mit der ungeliebten Mitarbeiterin näher anzuschauen. Sie versenkte sich in ihre Gefühle und versuchte sie auszuhalten. Dann fragte sie sich ehrlich, was wohl Helli ihr vermitteln wollte. Innerlich suchte sie das Gesicht der Kollegin. Da schauten sie die traurigen Augen von Helli an. Claudia hielt den Blick aus, und es wurde ihr langsam klar, daß diese müden, etwas depressiven Augen ihre eigenen Augen waren.

Im Spiegel, den Helli ihr vorhielt, sah sie ihre eigenen Augen und hatte das Gefühl, lebendig an ein Kreuz genagelt zu sein.

Als sie später diese Erfahrung in einer Gruppe erzählte, löste das Bild vom »Lebendig-am-Kreuz-Hängen« Betroffenheit aus. Schließlich meinte eine Teilnehmerin: »Ja, wenn ich erkenne, daß ich projiziere, dann ist das auch für mich oft ein Gefühl des Gekreuzigtseins, aber ich habe mir abgewöhnt, allzu lange in diesem Gekreuzigtsein zu schmoren, sondern ich wende mich dem neu erkannten Projektionsbild zu und frage, was es mir sagen will und wie aus der Polarisierung eine dynamische Polarität werden kann.«

In der Vaterunser-Chakren-Meditation ist das Polaritätschakra verbunden mit der Bitte »Erlöse uns von dem Bösen«. Nach biblischem Verständnis besteht das Böse in der Gespaltenheit – zum Beispiel im Unterscheiden von Gut und Böse, in der Projektion oder in der Polarisierung.

Wenn jedoch die Polarisierung zu einer dynamischen Polarität wird, bei der ich *beide* Pole in mir selbst erkenne, dann entsteht daraus (wie bei einer Zellteilung!) etwas Neues.

Im Polaritätschakra begegnen wir deshalb dem »Schöpfer«-Gott, der seine Schöpfung damit beginnt, daß er die Wasser der Urflut ins Licht stellte und in Pole teilte[13].

Wir leben in einer gespaltenen Welt. Wir errichten Wände zwischen Ost und West, zwischen Nord und Süd, zwischen Schwarz und Weiß, zwischen Mann und Frau, zwischen Rechts und Links, zwischen Gut und Böse. Wir wissen, daß diese Polarisierungen böse sind und sehnen uns nach der Erlösung aus dieser Gespaltenheit. Wir sehnen uns nach Ganzheit.

Wir bitten deshalb Gott: »Erlöse uns von dem Bösen.«

Das Sonnengeflechtschakra

Gerade hatte ich eine große und verantwortungsvolle Arbeit abgeschlossen und wollte nun ein wenig entspannen. Doch da erreichte mich die Frage, ob ich bereit wäre, ein Buch über meine Erfahrungen mit der Vaterunser-Chakren-Meditation zu schreiben.

Tief in meiner Seele wußte ich, daß ich diese Aufgabe übernehmen sollte. Ich sagte deshalb zu, zumal ich neun Monate Zeit hatte. Innerlich ruhig machte ich mich an die vom Verlag erbetene Vorschau mit Inhaltsangabe und bemerkte dabei, daß eine große Arbeit auf mich zukam. Ich war weder übermäßig begeistert noch besonders ängstlich.

Im zweiten Monat meiner Arbeit überfiel mich eine hartnäckige Grippe. Zweifel und Ängste verschiedenster Art gingen damit einher. Ich konnte nicht mehr verstehen, wieso ich die Zusage zu dieser Arbeit gegeben hatte. Wenn ich versuchte zu schreiben, war mein Arm so schwer wie Blei. Manchmal war ich der Verzweiflung nahe.

Als sich im dritten Monat die Grippe verzogen hatte und ich wieder schreiben konnte, überkam mich beim Schreiben eine Begeisterung und das Gefühl, es sei eine Leichtigkeit, meine Erfahrungen in einem Buch weiterzugeben. Das Pendel meiner Gefühle war also von einem Extrem ins andere ausgeschlagen. Das hatte Auswirkungen auf meinen Energiestrom. Während in der Phase der Angst meine Energien abgesogen wurden, ließ ich sie jetzt in der Phase der Begeisterung verpuffen. Dieses Hin- und Herpendeln vollzog sich noch einige Male. Ich nahm es immer bewußter wahr, bekam aber die beiden Pole nicht in den Griff, so sehr ich mich auch bemühte.

Doch schließlich kam mir die unbewußte Ebene und mit ihr mein wahres Selbst zu Hilfe. Als ich ein Kapitel in Maschinenschrift vor mir sah, geriet ich wieder in eine Stimmung der Unbekümmertheit, so daß ich statt weiterzuarbeiten sinnlose Telefonate startete. Am Nachmittag wollte ich die anderen handgeschriebenen Entwürfe hervorholen, um sie einer Freundin zum Tippen zu bringen. Aber – ich fand die Entwürfe nicht mehr! Schließlich kam mir – zu meinem tiefen Erschrecken – in den Sinn, daß ich die Entwürfe in eine Tasche mit offenem Reißverschluß gesteckt hatte! Ob sie da herausgefallen waren?

Den ganzen Nachmittag suchte ich die Entwürfe, fand sie jedoch nicht. Da überfiel mich eine panische Angst.

Ganz bewußt nahm ich die Gefühls- und Energieschwankungen, die ich an diesem Tag erlebt hatte, wahr, war ihnen aber trotzdem ausgeliefert.

Am Abend versuchte ich, mich in diese Gefühle des Pendelns und der Panik hineinzuversetzen, um zu erfahren, was sie mir zu sagen hatten. Erlebnisse aus meiner Schulzeit, an die ich nicht mehr gedacht hatte, stiegen in mir hoch. Ich schrieb sie auf, erlöste das Schulmädchen in mir von lähmenden Erfahrungen, nahm es in die Arme und tröstete es. Dieses innere Erleben hat dann die Tür zu einem noch tiefer sitzenden Schmerz geöffnet. Erinnerungen an meine Mutter kamen ans Licht, und ich konnte auch diese Erlebnisse ansehen und das verlassene Kind in mir trösten.

Mit einem Seufzer der Erleichterung ging ich ins Bett. Am anderen Morgen erwachte ich mit folgendem Traum: »Ich begebe mich mit einer kleinen Wandergruppe auf einen Berg. Männer und Frauen sind mit dabei. An einer gefährlichen Stelle weicht die Gruppe aus, zwei junge Männer, einer mit hellblonden, der andere mit schwarzen Haaren, stürzen ab und sind sofort tot. Ich erstarre vor Schmerz und Trauer. Dann sehe ich, wie mein dreijähriger Enkel – ein eigenwilliger, stämmiger Kerl – ganz selbstverständlich auf dem eingeschlagenen Weg weitermarschiert.«

Der Traum machte mir deutlich: »Jetzt ist Schluß mit diesen extremen Verhaltensweisen! Schluß mit dem Pendeln von der dunklen Seite der Panik zur hellen Seite der Übergeisterung und umgekehrt! Dabei wird doch nur wertvolle Kraft verschwendet!« Jetzt werde ich die beiden Seiten wie zwei Pferde in den Griff nehmen und zügeln! Und dann werde ich den Weg unter die Füße nehmen! Und der eigenwillige dreijährige Knabe wird vorausgehen.

Als ich das gedacht hatte, tauchte das verloren geglaubte Manuskript plötzlich wieder auf.

Aber warum hat es diesen Umweg gebraucht?

Das Leben ist so, wie es ist – auch wenn es Umwege macht! Umwege kann ich ansehen und daraus lernen. Alles »hätte ich doch nicht!« oder »hätte ich doch!« oder »wenn das oder jenes anders wäre!« ist Energieverschwendung. Umwege sind notwendig, um ein Ziel »ganzheitlich« zu erreichen! Dank der Umwege konnten die schmerzhaften Erinnerungen aufsteigen und erlöst werden.

Wenn wir verschiedene Extreme unseres Lebens im Zügel halten wollen, dann müssen wir gut im Sattel des Lebens sitzen! »In der Mitte« sein heißt: aus der göttlichen Mitte heraus denken und agieren. Wenn wir aus dieser Mitte heraus unser Leben gestalten, dann leben wir »in Gott« und »Gott in uns«. In gleicher Weise wie wir die Schicksale anziehen, die uns geschickt werden, um uns das Einpendeln zu lehren, ziehen wir auch die Erfüllung von Wünschen an, die als Visionen vor unserem inneren Auge auftauchen.

Das Einpendeln der Pole zwingt mich, aus meiner göttli-

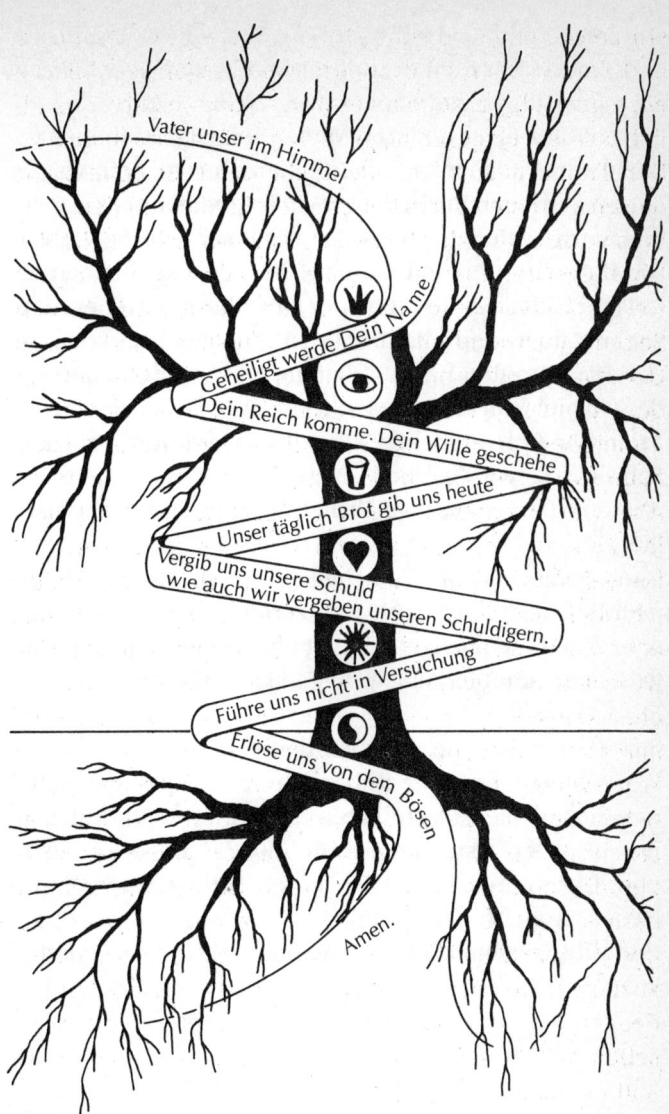

Vater unser im Himmel

Geheiligt werde Dein Name

Dein Reich komme. Dein Wille geschehe

Unser täglich Brot gib uns heute

Vergib uns unsere Schuld
wie auch wir vergeben unseren Schuldigern.

Führe uns nicht in Versuchung

Erlöse uns von dem Bösen

Amen.

61

chen Mitte heraus zu leben. Dann verwandle ich das energieverschwendende Polarisieren in eine dynamische Polarität, bei der die Gegensätze vereinigt sind.

In der Vaterunser-Chakren-Meditation ist das Sonnengeflecht verbunden mit der Bitte »Führe uns nicht in Versuchung«. Versuchung bedeutet ein Doppeltes: Sie kann für uns darin bestehen, daß wir in der Polarisierung verharren und einseitig bleiben. Das hieße Steckenbleiben im Polaritätschakra. Sie kann aber auch darin bestehen, daß wir uns überhaupt nicht auf den Weg machen, sondern am Altvertrauten hängenbleiben. Das würde bedeuten, daß wir im Wurzelchakra verharren (oder nach einigen zaghaften Gehversuchen schnell wieder dorthin zurückkehren!). Es würde eine Ver-Erdung unseres Lebens bedeuten, die genauso gefährlich ist wie eine Ver-Geistigung.

Nach indischer Deutung begegnen wir im Sonnengeflechtschakra dem Gott, der zerstört und wieder neu schafft. Das Sonnengeflecht ist also erfüllt von einer ungeheuren schöpferischen Dynamik.

Sich dem Geist Gottes öffnen heißt: Ja sagen zur Veränderung. Immer wieder stehen wir in der Versuchung, an der Einseitigkeit festzuhalten, statt die rechte Mitte zu finden; oder festzuhalten am Alten, Liebgewordenen, aber Überholten, anstatt es in den Tod zu geben, damit Neues entsteht.

Wir bitten deshalb Gott: »Führe uns nicht in Versuchung.«

Das Herzchakra

In einer Meditationsgruppe unterhielten wir uns über das Auspendeln der Gegensätze. Dabei tauchte die Frage auf, ob ein solches Auspendeln nicht zu einem lauwarmen Zustand ohne Höhen und Tiefen führen würde. Irina, ein Gruppenmitglied, die zeit ihres Lebens starke Energie- und Gefühlsschwankungen hatte (jedoch seit vielen Jahren auf das achtete, was sich in ihrem Inneren während des Hin und Her abspielte!), erzählte, daß ihr Energiefluß jeweils vor den Sommerferien langsam schwächer würde. Aus Erfahrung wüßte sie, daß sie in den Zeiten des »Absumpfens«, wie sie es nannte, ihre Seele in der Tiefe besonders wahrnehmen würde und daß in diesen Zeiten der Regression sich das Lebenswasser wie in einem Reservoir neu sammeln würde. In der darauffolgenden Zeit würde sie dann ihre Kreativität wieder besonders intensiv spüren und leben. »Reculer pour mieux sauter« (»sich zurückziehen, um besser zu springen«) nannte sie es. Dieses Zurückfließen der Energie bewirkte also neue Aktivität.

Irina erläuterte diese Erfahrung folgendermaßen: »Früher habe ich bei dem Abgleiten in den energielosen Zustand jeweils panische Angst bekommen. Einerseits hatte ich dabei kaum Erinnerungen an die Zeiten der Aktivität. Andererseits konnte ich mir in den Phasen der Kreativität kaum vorstellen, jemals wieder abzusinken. Diese beiden extremen Zustände fanden jeweils nacheinander statt. Sie waren losgelöst voneinander. In den Zeiten der Kreativität verpuffte ich meine Energie, in den Zeiten des Absinkens lief meine Lebenskraft aus.«

Und dann erzählte Irina weiter: »Allmählich wurde jedoch aus dem Nacheinander der Gefühle ein Miteinander. Beim

Absinken erinnere ich mich jetzt an die Zeit der Fülle und umgekehrt. Ich empfinde den Zustand des ›reculer pour mieux sauter‹ jetzt nicht mehr als ein Nacheinander, sondern als eine ›Progressive Regression‹[14], die für mich wichtig ist, weil ich dabei Nuancen meines Lebens entdecke, die mir in Zeiten der vollen Aktivität nicht zugänglich sind.«

Bei diesem Bericht von Irina dachte ich an das Yin-Yang-Symbol, in dem sich im schwarzen Feld ein weißer und im weißen Feld ein schwarzer Punkt befindet.

Während der Sommerferien erhielt ich einen Brief von Irina. Sie verbrachte ihre Ferien zu Hause, um ihre Wohnung, die in der Nähe eines Sees lag, einmal unabhängig vom Beruf zu genießen. Sie erzählte in diesem Brief folgenden Traum:

»Ich befinde mich im Meer, grün umgibt mich das Wasser. Weit über mir ahne ich das Licht des Himmels. Ich sinke immer tiefer ab und bin erstaunt, daß ich keine Angst habe. Schließlich merke ich, daß ich den Meeresboden unter meinen Füßen spüre. Ich gehe auf dem Meeresgrund zwischen Steinen und Pflanzen hindurch und denke: ›Auch hier ist die Mutter Erde.‹ Ich gelange in ein Tal und gleite schwebend durch dieses Tal, das immer enger wird. An der engsten Stelle angelangt, wird es mir auch im Herzen eng und bang, und ich überlege, ob ich wieder umkehren soll. Doch da lockt mich die Neugierde, und ich gehe durch die Schlucht immer weiter hinunter. Allmählich verbreitert sich das Tal ein wenig, und Luftblasen steigen wie silberne Lichter aus dem Boden. Ein wunderbares Spiel voller Leben und doch voller Ruhe. Andächtig stehe ich und schaue. Da wird mir bewußt, daß hier die vier Elemente beisammen sind: das Feuer, das die Erde erhitzt und das Wasser als Luftblasen aufsteigen läßt. Ich spüre das Wasser, das mich umgibt, die prickelnden Luftblasen und den warmen Meeresboden als Erde, die mich trägt.

Immer stärker sprudelt die Quelle in die Höhe, und langsam schwebt eine Glaskugel hinunter. Sie ist ganz klar, ohne jegliche Einschlüsse.

Staunend sehe ich, wie sie einige Zentimeter über dem Meeresgrund ruhig schwebt. Mit dieser wunderbaren Kugel im Herzen bin ich erwacht.«

Als ich diesen Traum las, staunte ich wieder einmal, daß es möglich ist, den Traum eines anderen Menschen als ein Geschenk zu empfinden. Wie in einem Märchen kann ich am Wunder dieses Traums teilnehmen. Ich wußte, daß Irina in der Tiefe einen Jungbrunnen entdeckt hatte. Die vier Elemente Erde, Wasser, Feuer, Luft spielten miteinander, so wie in Irinas Leben die Gegensätze jetzt nicht mehr auseinanderklaffen, sondern miteinander spielen.

Irina schrieb dann in diesem Brief weiter, daß sie am Tage nach dem Traum mit einer Freundin eine Reise in die

Innerschweiz unternommen habe. Beim Besuch einer Stadt habe sie plötzlich in das Schaufenster eines Antiquitätenladens geschaut, obwohl sie kein Interesse an alten Gegenständen habe. Gebannt sei ihr Blick an einer Kristallkugel hängengeblieben, die inmitten von Möbeln, Geschirr und Bildern lag. Es war eine große, klare Kristallkugel ohne Einschlüsse.

Ein weiteres Beispiel für die Vereinigung der Gegensätze: Vor einigen Jahren weilte ich in einem kleinen Ort mit einer romanischen Kirche, die ich sehr liebe. Am Sonntag besuchte ich den Gottesdienst, weil mich die Atmosphäre des schlichten Raumes anzog. An der Predigt war ich nicht sonderlich interessiert. Doch dann traf mich ein Satz der Predigt mitten ins Herz. Seither lebe ich mit diesem Satz, und so kommt er mir oft in den Sinn. Er lautet: »Wir müssen lernen, das Erlebnis des Gipfels, des höchsten Lebensglücks, hinunterzuretten ins Tal der Verzweiflung, und wir müssen die Erfahrung der tiefsten Nacht mit hinaufnehmen zu den Höhepunkten des Lebens – und uns jeweils erinnern: auf dem Höhepunkt an das Tal und in der Tiefe an den Gipfel.«

Da ich zufälligerweise die Frau des Pfarrers kannte, teilte ich ihr meine Betroffenheit über dieses Bild von den Gipfeln und Tälern des Lebens mit und meine Gedanken darüber, daß die Erfahrungen vom einen Pol in den anderen hinübergerettet werden wollen. Sie erwiderte, daß dieses Bild für sie eine sonntägliche Erfahrung darstelle. Ihr Mann würde von der Kanzel heruntersteigen, dann würden sie zusammen nach einigen Stunden Fahrt ihren Sohn im Gefängnis besuchen – seit vielen Monaten.

Jetzt wußte ich, warum mich dieses Bild so tief in der Seele berührt hatte: es war ein erlebtes und erlittenes Bild.

In diesem Nichtvergessensein[15] liegt eine Quelle der Kraft, die uns hilft, auf unserem inneren Weg weiterzuschreiten und dabei immer wieder zur Mitte zu finden.

In der Vaterunser-Chakren-Meditation ist das Herzchakra verbunden mit der Bitte »Vergib uns unsere Schuld, wie auch wir vergeben unsern Schuldigern«.

Bei dieser Bitte geht es um die rechte Mitte zwischen dem sich selbst und anderen nicht vergeben können (»es kommt mir immer wieder hoch!«) oder nicht vergeben wollen (»was ich versiebt habe, muß ich auch auslöffeln! Und die andern müssen ihre Suppe auch auslöffeln«) und dem Ignorieren der Schuld (»es gibt keine Sünde – jeder soll so leben, wie er will«). Sich seine Schuld und Sünde vergeben lassen und den andern vergeben heißt, den dunklen Pol in uns selbst erkennen (in der Regel im Spiegel des anderen) und mit dem Christus in uns zusammenbringen. Der »Christus in uns« ist unser wahres Selbst, in dem alle Gegensätze vereinigt und alle Zielverfehlungen (= Sünden) »aufgehoben« sind.

Nach indischer Lehre begegnen wir Gott im Herzchakra als ewige Vibration, als dem Gott, der uns in Bewegung hält und immer wieder zur Mitte zurückführt.

Wir denken jetzt an Situationen, in denen wir unsere Zielverfehlungen auf andere projiziert und an ihnen verurteilt haben. Wir erkennen jetzt: »Was mich an anderen ärgert, ist meine Zielverfehlung.« Wir nehmen deshalb das, was wir auf andere projiziert haben, zurück und bringen unsere eigene Dunkelheit in Verbindung mit dem Christus in uns, der unser wahres Selbst ist. In ihm ist Helles und Dunkles zu einer Ganzheit vereinigt. In ihm ist alle Schuld aufgehoben – unsere eigene und die der anderen.

Wir bitten deshalb: »Vergib uns unsere Schuld, wie auch wir vergeben unseren Schuldigern.«

Das Halschakra

Es war an einem Sommernachmittag. Wir mußten Abschied nehmen von einer uns lieben Freundin. Menschen strömten unter den Bäumen des Waldfriedhofs der Kapelle zu. Auf dem Vorplatz standen etwa zwanzig Frauen, jede hielt einen Rosenstrauß in ihren Händen. Wir besprachen nochmals kurz den Ablauf des Gottesdienstes, zu dem wir Frauen mit einem Meditationstanz beitragen wollten, um die Abschiedsfeier mitzugestalten. Der Text der Ansprache lehnte sich an eine Bacharie aus der Kantate zu Michaelis an:

»Bleibt, ihr Engel, bleibt bei mir, führet mich auf beiden Seiten, daß mein Fuß nicht möge gleiten, aber lehret mich allhier euer großes ›Heilig‹ singen und dem Schöpfer Dank zu bringen. Bleibt, ihr Engel, bleibt bei mir.«

Der Pfarrer wies gegen Ende seiner Predigt auf den punktierten Rhythmus der Bachschen Komposition hin, den Albert Schweitzer den »Engelsrhythmus« genannt hatte. Und dann erklang diese Arie der Kantate. Während des Vorspiels schritten die Frauen, die verteilt in der Kapelle saßen, ruhig nach vorne, eine jede mit ihrem Rosenstrauß. Am Altar brannte eine Kerze, ein Korb stand davor. Eine Frau nach der anderen legte ihre Rosen in den Korb. Wir verneigten uns, legten die voll erblühten Blumen nieder, unser letzter Gruß an unsere Freundin. Schließlich war der Korb voller Rosen und floß über.

Dann bildeten wir zur Musik unseren Kreis. In der Fülle des überquellenden Korbes lebte eine besondere Eigenschaft der verstorbenen Freundin auf: ihr großzügiger, strahlender Wesenszug. Und dann tanzten wir, uns bei den Händen haltend, jeweils vier Schritte, um uns darauf nach vier Seiten zu wiegen. Beim »Aber lehret mich allhier euer großes ›Heilig‹ singen und dem Schöpfer Dank zu bringen« erhoben wir langsam unsere Arme. Gegen Schluß des Gesangs blieben wir stehen und wiegten uns zum Nachspiel, uns noch immer bei den Händen haltend.

Beim Vaterunser, das die Trauergemeinde laut sprach, blieben wir am Altar stehen und lösten unsere Hände. Während des darauffolgenden Orgelspiels kehrten wir wieder an unsere Plätze zurück. Dieses Abschiedsritual, das in den Gottesdienst integriert war, hätte in seiner Form nicht einfacher sein können. Und es war gerade wegen seiner Schlichtheit von tiefer Aussagekraft.

Frauen haben tanzend ihre Trauer ausgedrückt. Sie spürten, wie sie sich dabei verwandelten. Menschen, die an der Abschiedsfeier teilgenommen, aber nicht mitgetanzt hatten, fühlten sich gestärkt. Die Familienangehörigen schrieben, daß ihnen die tanzenden Frauen den Himmel nähergebracht hätten. Es war, als ob die Engel Geist und Seele genährt hätten.

Im Irdischen das Himmlische erfahren – darum geht es im Halschakra. Es geht um die »Begegnung mit dem Symbol«. Was ist ein Symbol? Ein Symbol offenbart einen ewigen Sinn in einer irdischen Erscheinung. Alles Irdische ist ein Gleichnis – ein Hinweis auf die himmlische Welt, die die irdische durchdringt. In allem, was wir mit unseren äußeren Sinnen wahrnehmen, können wir dem Ewigen begegnen. In den Ereignissen des Alltags können wir hineingenommen werden in die Schönheit der ewigen Welt.

Dies wird besonders deutlich in Ritualen, bei denen das Ineinanderfließen der beiden Wirklichkeiten bewußt erwartet und entsprechend der Erwartung auch erlebt wird.

Dazu ein Beispiel: Es war während eines Rituals zum Frühlingsanfang. Wir hatten selbstgebackenes Brot und andere Zutaten, die wir für die Durchführung benötigten, in unseren Rucksäcken auf den Berg getragen, auf dem wir das Ritual feiern wollten. Die Anstrengung, die mit dem Gewicht des Brotes verbunden war, mag Geschmack und Bedeutung des Brotes erhöht und vertieft haben.

Während des Rituals brachen zwei Frauen die selbstgebackenen Brote und verteilten sie anschließend an die im Kreis stehenden Teilnehmerinnen. Dankbar aßen wir diese wunderbare Gabe der Erde, die uns auch stärkte.

Und dann tanzten wir die Indianerweise »Erde mein Körper, Wasser mein Blut, Luft mein Atem und Feuer mein Geist«. In uns stiegen Gefühle der Dankbarkeit für das Brot der Erde auf, das unseren Körper nährte und uns Energie schenkte. Diese Energie wurde im Tanz spürbar. Wir erlebten, daß das Brot unseren Geist ebenso genährt hatte wie unseren Körper.

Darauf folgte eine Meditation, bei der wir der Erde Licht und Heilung schickten. Wir spürten die Wechselwirkung. Die Worte: »Die Erde spendet uns Brot, und wir Menschen werden zur Nahrung für andere und für die Erde« leuchteten in uns auf.

Das Ineinanderverwobensein von irdischer Nahrung und geistiger Nahrung wird besonders deutlich in der Feier des Abendmahles, die noch in der Frühzeit des Christentums mit einer normalen Mahlzeit verbunden gewesen war.

Daß auch heute wieder in dieser Weise das Abendmahl gefeiert wird, belegt der Bericht eines Theologen, der kürzlich eine unserer Meditationsgruppen besuchte: »Von einem Kreis junger Menschen, darunter mehrere kirchliche Mitarbeiter, wurde ich eingeladen, um mit ihnen einen Abendmahlsgottesdienst zu feiern. Die jungen Leute trafen sich in der großen Wohnung eines befreundeten Ehepaares. Jeder brachte etwas mit, Brot, Wein und Früchte. Männer und Frauen betätigten sich in der Küche und deckten geschmackvoll den großen Tisch. Das Essen verlief in angeregter Unterhaltung. Beim Erzählen lernten sich die Menschen gegenseitig kennen. (Es waren auch Gäste geladen, die nicht allen bekannt waren.) Einer der Teilnehmer hatte einen großen Keramikkelch angefertigt, der etwa drei Viertelliter faßte. Dieser Kelch wurde – mit Wein gefüllt – während des Mahles herumgereicht. Jeder konnte daraus trinken.

Als das Essen sich dem Ende näherte, hielt einer der Anwesenden eine Tischrede, die die Mahlzeit ganz zwanglos in die Abendmahlsfeier hinüberführte. Die Einsetzungsworte wurden über dem Brotkorb, der auf dem noch gedeckten Tisch stand, und über dem noch halb gefüllten Kelch gesprochen. Daß Brot und Wein gesegnet wurden, machte in besonderer Weise deutlich, daß alle Gaben von Gott gesegnet sind und daß jedes Brot Abendmahlsbrot und jeder Wein Abendmahlswein ist. Es wurde uns deutlich, daß jede Eucharistiefeier[16] Ausdruck dafür ist, daß die gesamte Schöpfung vom Geist des Schöpfers durchdrungen ist.

Jeder nahm sich ein Stück Brot aus dem Korb und trank dazu einen Schluck Wein aus dem Kelch. Anschließend

wurde ein Gottesdienst gefeiert, zu dem jeder etwas bei-
trug: ein Lied, ein Gebet, einen kleinen Erlebnisbericht
usw. ›Zufälligerweise‹ war das junge Hauselternpaar am
Tage der Einladung an Grippe erkrankt. Beide lagen im
Nebenzimmer im Bett und nahmen bei geöffneter Flügel-
tür an der Abendmahlsfeier und am Gottesdienst teil. Es
ergab sich von selbst, daß während des Gottesdienstes
zwei der Anwesenden aufstanden und den beiden Kran-
ken die Hand auflegten, verbunden mit einem Gebet um
Genesung.«

Als der Theologe seinen Bericht beendet hatte, meinte er:
»An diesen Gottesdienst denke ich gern zurück, besonders beim Essen. Dann werden für mich irdische Speise
und irdischer Trank transparent für himmlische Speise
und himmlischen Trank. Auf diese Weise wird eine nor-
male Mahlzeit zu einer Eucharistiefeier.«

Nach indischer Lehre kosten wir im Halschakra Gott als
den lebenspendenden »Amrita«[17] Bei der Vaterunser-Chakren-Meditation ist dem Halschakra die Bitte zugeordnet:
»Unser tägliches Brot gib uns heute.«

Wir alle leben vom irdischen Brot. Wir sind dadurch
verbunden mit unserer Mutter Erde und all ihren Kindern.
Alles irdische Brot ist Abbild des himmlischen Brotes,
des in uns lebenden Christus, der unseren inneren Menschen ernährt.

Wir bitten deshalb Gott: »Unser tägliches Brot gib uns
heute.«

Das Stirnauge

Endlich schneit es. Die Bäume, die sich wie dunkle Scherenschnitte vom grauen Himmel abheben, werden weiß. Die düstere Atmosphäre löst sich auf, und es wird hell im Raum, so daß ich das Licht auslöschen kann. Da sitze ich nun und habe Zeit zum Schreiben. Doch mein Arm ist schwer, ich kann den Stift kaum halten. Ein dumpfes Gefühl sitzt mir in der Magengegend.

Ich schließe die Augen und gehe in dieses Gefühl hinein. Es hockt in einer dunklen Ecke. Langsam nähere ich mich dem Wesen in mir und erkenne ein vierjähriges Mädchen, ungekämmt und verschüchtert. Behutsam nehme ich Kontakt mit dem verängstigten Kind in mir auf. Ich locke es hervor, nehme es bei der Hand und streiche ihm über die ungekämmten Haare. Ich erinnere mich: Das Kind hätte Leute begrüßen sollen, und die hätten es dann der ungekämmten Haare wegen ausgelacht. Hier in der Ecke des Schuppens saß es dann, stundenlang.

Ich bürste dem Mädchen die Haare und flechte seine Zöpfe. Wir gehen zum kleinen Weiher, wo es sich die Hände wäscht. Allmählich löst sich die graue Traurigkeit auf, das Mädchen beobachtet das Wasser, wie es aus dem Rohr tropft und Ringe im Weiher bildet. Es nimmt ein Stück Holz, läßt es als Schiff auf dem Wasser schwimmen und sieht ihm mit lebhaften Augen zu. Dann holt es kleine Blätter, die es als Buben mitfahren läßt, und beginnt schließlich, vom Dachs zu erzählen, der im Gebüsch des Bachufers lebt, und von den Zwergen, die unter dem Holderbusch wohnen. Dabei strahlt das kleine Mädchen.

Wer sich auf die innere Reise begibt, hat die schöne Aufgabe, solche ängstlichen inneren Kinder zu befreien und zu erlösen. Es geht dabei darum, Gefühle der Angst, der Unlust, des Gekränktseins oder des Mißmutes bewußt wahrzunehmen und dann in der Vorstellung in diese Gefühle einzusteigen. Wenn wir eines dieser in uns lebenden Kinder entdecken, können wir es in Liebe aus dem dunklen Loch herausführen, und wenn wir uns ihm zuwenden, wird es uns seine Verletzungen offenbaren. Wir können es trösten, heilen und in Liebe annehmen. Ein sensibles Kind läßt sich kränken, aber ein erlöstes sensibles Kind ist ein Kind, das Intuitionen, Visionen, Freude und Liebe in unser Dasein bringen kann.

Was ist hier geschehen? Mein bewußtes Ich wollte sich einer kreativen Arbeit zuwenden. Dabei war es jedoch auf die Mitwirkung des Unbewußten angewiesen, denn dort sitzt die Quelle der Kreativität. Im Unbewußten war jedoch etwas ganz anderes konstelliert. Dort wartete ein kleines verängstigtes Mädchen auf seine Erlösung. Es versperrte gewissermaßen die Quelle zur Inspiration. Es ließ sich nicht verdrängen, sondern machte meinen Arm schwer und meldete sich als dumpfes Gefühl in der Magengegend.

Indem ich mich dem Mädchen zuwendete und es erlöste, wurde es selbst zur Quelle der Inspiration. Mir wurde deutlich: Neben meinem bewußten Ich, das schreiben wollte, gab es noch eine Stimme in meinem Unbewußten, der es um Ganzheit ging, zum Beispiel darum, daß beim Schreiben nicht nur mein Kopf, sondern auch mein Bauch mit einbezogen wird.

Diese Stimme nennt man in der analytischen Psychologie die Stimme des wahren Selbst, in der Sprache der Bibel ist es die Stimme Gottes. Indem wir auf diese Stimme aus der Tiefe lauschen, verbindet sich unser bewußtes Ich mit unserem ganzheitlichen Selbst, und dann geschieht das, was wir »eigentlich« wollen: Mein bewußtes Ich läßt

den Willen meines wahren Selbst (der Wille Gottes) geschehen. Das, was wir sprechen, schreiben und tun ist
dann nicht nur ein Produkt unseres Kopfes, auch die Tiefe
ist mit einbezogen.

Die Stimme unseres wahren Selbst, die Stimme Gottes, ist
eine sehr behutsame Stimme, die sich nicht aufdrängt,
sondern die von uns gehört werden will – so wie es im
Lied eines bekannten Liedermachers heißt: »Gott spannt
leise feine Fäden, die du leicht ergreifen kannst …«[18]
Dieses Lied höre ich seit einigen Tagen in mir singen,
obwohl ich es mir lange nicht mehr angehört habe. Ich
gebe mich der wiegenliedartigen Weise hin, und vor meinem inneren Auge entstehen Bilder, ähnlich wie ich sie
sah, als ich das Lied vor einigen Jahren zum ersten Mal
hörte.

Gott wirft mir die Fäden meines Lebens zu. An mir ist es,
sie zu ergreifen und in ihnen den Entwurf für mein Leben
zu sehen. Der Liedermacher – ein junger Theologe –
fordert am Ende jeder Strophe seines Liedes auf, einen
Anfang zu sehen und zu teilen, zu helfen und zu beten. In
mir dichtet es weiter: »Sieh doch einen Anfang, und fang
zu lieben an.«

Beglückend wird mir bewußt, daß es auch einfach sein
kann, jetzt, in diesem Moment die leisen Fäden des Lebens zu sehen, sie zu ergreifen und anzufangen, zum
Beispiel mit der Liebe; und weil ich mir die Allernächste
bin, mich selbst zu lieben. Ich tue das, indem ich dem
Gefühl der Dankbarkeit Raum gebe, dafür, daß ich in einer
warmen Stube sitzen kann und nicht frieren muß, daß ich
heute morgen gesunde Früchte essen konnte und mir
Bilder an die Wände hängen kann, die mich erfreuen und
mich mit guter Kraft aufladen.

Im Lied des Liedermachers ist es Gott, der mir die Fäden

zuspielt. Es ist der Gott in mir, mein wahres Selbst, das für den Entwurf meines Lebens Fäden spannt. Und ich bin es dann, der die gezogenen Fäden sieht und in das Lebensmuster webt.

Für mich ist der Gott »außen« und der Gott »innen« kein Entweder-Oder, sondern identisch. Ich übernehme die Verantwortung, am Lebensgewebe mitzuwirken und mich somit selbst zu verwirklichen. Das Bild des Gewebes macht deutlich, daß es um ein Zusammenwirken zwischen Gott und mir geht. Gott spannt die Fäden, die ich ergreife. Es braucht beide: Das Selbst und das Ich. Und wenn Johannes der Täufer in der Bibel sagt, er müsse abnehmen und Christus müsse wachsen, dann heißt das eben, daß ich dem Christus-Selbst in mir Raum gebe, stille werde, höre und sehe, damit ich die leisen, feinen Fäden, die er in seinem Plan für mich bereithält, wahrnehme und ergreife.

Dann wird das wahre Selbst immer mehr zum inneren Meister und das Ich zum Freund, zum Mitarbeiter.

Auf der inneren Reise oder auf dem Weg zur Selbstverwirklichung ist es wichtig, daß das Ich wohl seine Selbstherrlichkeit ablegt, aber wach und präsent bleibt. Denn das Ich kontrolliert, was das Unbewußte an Träumen, Visionen aufsteigen läßt, damit es nicht zur Inflation oder Auflösung kommt. Denn nicht alles, was das Unbewußte produziert, ist reines Gold, sondern das Gold ist im Chaos enthalten und will von unserem Ich erspürt werden.

Nach indischer Lehre erlebe ich im Stirnauge Gott als den inneren Meister, der mir Weisung erteilt[19].

In der Vaterunser-Chakren-Meditation sind dem Stirnauge die Worte zugeordnet: »Dein Reich komme. Dein Wille geschehe, wie im Himmel, so auf Erden.«

76

Der Wille Gottes ist der Wille unseres wahren Selbst. Es ist das, was wir eigentlich wollen.

Der Himmel ist der Bereich Gottes. Die Erde ist unser Bereich, in dem sich Gott durch uns inkarnieren will. Und wie? Indem wir Gottes Willen durch uns geschehen lassen, das heißt, indem unser Ich das spricht und tut, was Gott, unser wahres Selbst, will[20]. Dann wird die Erde zum Reich Gottes, denn Himmel + Erde = Reich Gottes.

Unser Blick ist immer wieder gefangen von der sichtbaren Wirklichkeit. Wir wissen jedoch, daß das Eigentliche für die äußeren Augen unsichtbar ist. Wir öffnen deshalb unser inneres Auge, um den Willen Gottes zu erkennen und um sein Reich zu schauen.

Wir bitten deshalb Gott: »Dein Reich komme. Dein Wille geschehe, wie im Himmel, so auf Erden.«

Das Kronenchakra

Während ich mir überlegte, was für ein Erlebnis ich zum Kronenchakra erzählen soll, fiel mir ein Artikel zum Thema »Gotteserfahrungen in unserer Lebensgeschichte« in die Hände. Er beginnt mit der Beschreibung einer ökumenischen Kapelle und den Gottesbildern, die uns in der Anlage dieser Kapelle begegnen. Da mir diese Kapelle sehr vertraut ist und ich schon oft darin meditiert habe, kann ich diese Überlegungen sehr gut nachvollziehen: »Auf dem Gelände des Krankenhauses Nidelbad (in der Nähe von Zürich) steht eine eigenartige ökumenische Kapelle. Von einem Vorraum aus, in dem ein Taufstein steht, betreten wir einen quadratischen Raum. Ein großer schwerer Tisch aus Eichenholz beherrscht den Raum.

Rings um den Tisch stehen Stühle. Der Raum atmet Familienatmosphäre. Es ist der Familienraum. Dort begegnen wir Gott als Vater und Mutter. Wir begegnen dem Gott, der gesagt hat: ›Wie sich ein Vater über Kinder erbarmt, so erbarmt sich Gott über die Seinen‹ und ›Ich will mich um euch kümmern, wie eine Mutter sich um ihre Kinder kümmert‹.

Ein solches Gottesbild, das von der Elternerfahrung her geprägt ist, ist für viele Menschen (nicht für alle!) das erste Gottesbild. Sie fühlen sich geborgen bei Gott, zu dem sie jederzeit mit all ihren Anliegen und Sorgen kommen können in der Gewißheit, daß er sie hört, ernst nimmt und Zeit für sie hat.

Wir schreiten weiter und betreten den Raum, der links neben dem Familienraum liegt. Es ist die katholische Kapelle; dort steht ein Hochaltar, und davor stehen Bänke zum Niederknien. In diesem Raum begegnen wir dem Gott der Ordnung, dem himmlischen König und Hohenpriester, dem Gott, der Gehorsam erwartet.

Für viele Menschen ist dies das zweite Gottesbild, das ihnen auf ihrer Lebensreise begegnet. Es ist ein Gottesbild, das junge Menschen in der Zeit der Pubertät brauchen. Sie wollen wissen, woran sie sich halten können.

Wir wenden uns nun dem Raum zu, der rechts vom Familienraum liegt. Es ist der evangelische Gottesdienstraum. Vorne befinden sich eine Kanzel und ein Tisch, auf dem eine große Bibel liegt. Hinter der Kanzel hängen die Bilder der Reformatoren Luther und Zwingli, die die Freiheit vom Gesetz gepredigt haben. In diesem Raum begegnet uns Gott, der uns Menschen die Freiheit läßt, dem eigenen Gewissen zu folgen. Es ist das Gottesbild eines Menschen, der seinen eigenen Weg gehen will ohne Fremdbestimmung.

Schließlich betreten wir den vierten Raum, der hinter dem Familienraum liegt und in den alle anderen Räume einmünden. In diesem Raum gibt es weder Kanzel noch Altar, sondern in ihm befindet sich ein Bild der Himmelsstadt. Sie ist Ausdruck der mit dem Himmel vereinigten Erde. Das Gottesbild, das uns in diesem Raum begegnet, ist die Gotteserfahrung eines Menschen, für den Gott alles in allem ist.«

Um dieses Gottesbild geht es auch im Kronenchakra. Alle Erdenerfahrungen und alle Himmelserlebnisse und alles, was dazwischen liegt und uns auf unserem Weg durch die Chakren und die Vaterunsersätze begegnet, sind in dieses Chakra eingegangen. Der *himmlische Vater* ist der mit der *Erdenmutter* vereinigte Gott, der alles in allem ist.

In dir, Gott, ist alles enthalten, die Erde und der Himmel, die Mutter und der Vater, das, was uns gut erscheint und das, was wir nicht verstehen. Indem wir mit dir, Gott, verbunden sind, haben wir Anteil an deiner Ganzheit. So wird dein Name geheiligt.

Wir beten Gott an: »Vater unser im Himmel. Geheiligt werde dein Name.«

Das Wunder
der Meditation

Feierabendbank und
Betzeitglocke

In dem Dorf, in dem ich aufgewachsen bin, befand sich vor jedem Haus eine Feierabendbank. Manchmal bestand sie einfach aus zwei zersägten Baumstämmen und einem darübergelegten Brett. Oft war es auch eine Bank, die dunkelgrün oder rostrot gestrichen war. Am Abend saßen die Leute, wenn es die Temperatur zuließ, vor dem Haus und erlebten das Ausklingen des Tages.

In meiner Kindheit habe ich diese Abendruhe vor den Häusern oft erlebt – das Ritual war immer ein ähnliches: Die Mutter oder Großmutter saß schon auf der Bank, der Vater arbeitete noch im Garten, versorgte dann gemächlich die Hacke und setzte sich auch auf die Bank.

Hinter dem Haus spaltete jemand Holz. Ab und zu wurde ein Satz gewechselt, jemand sagte zum Beispiel, es habe viel Wasser im Bach. »Ja, es hat viel Wasser im Bach«, lautete die Antwort. Es dämmerte, der Holzspalter verstummte. Der Bach rauschte, eine Amsel sang noch eine Weile in den sich neigenden Abend, man schwieg und sah vor sich hin in die Dämmerung und in die Nacht. Der Bach rauschte, schließlich atmete jemand tief und sagte, daß es wohl Zeit sei, und jemand anders seufzte und antwortete: »Ja, es ist Zeit!« Man stand auf, wünschte sich eine gute Nacht und ging auseinander.

Dieses abendliche Miteinander-den-Tag-ausklingen-lassen hat sich tief in meine Seele eingesenkt. Heute kommt es mir so vor, als sei dieses schweigende Sitzen gar nicht so verschieden vom gemeinsamen Meditieren.

Sitzend vor den Häusern auf ihren Feierabendbänken haben die Menschen den Tag noch einmal vor ihren inneren Augen vorbeiziehen lassen. Sie haben eindrucksvolle Erlebnisse miteinander ausgetauscht oder in sich selbst wiederholt, um sie dann vielleicht loszulassen und dem rauschenden Bach mitzugeben.

In manchen Dörfern ist es Brauch, daß morgens um elf Uhr und abends die Betzeitglocke läutet. Es leben noch alte Menschen, die den Ruf der Glocke wahrnehmen und in der Arbeit innehalten, um sich dem Geläute zuzuwenden. Wie oben erwähnt, habe ich in der Rebbaugemeinde, in der ich früher wohnte, es noch erlebt, daß die Frauen kurz vor Beginn des Elfuhrläutens die Rebschere beiseite gelegt und sich auf das Läuten konzentriert haben, um innerlich mit der Glocke mitzuschwingen. Während die Glocke ausklang, blieben sie noch eine Weile sitzen oder stehen, um dann schweigend die Arbeit wieder aufzunehmen. »Nach dem Läuten geht die Arbeit wieder leichter, und ich seh' mit neuen Augen die Schönheit unseres Tales«, meinte eine der Frauen. Ich vergesse nicht den Ausdruck vom verhalten strahlenden Frieden, der auf ihrem Gesicht lag.

Die Betzeitglocke erinnert an den alten Meditationsrhythmus, der aus dem Dreitakt Konzentration, Meditation und Kontemplation besteht. Wenn wir dem Läuten einer Glocke aufmerksam zuhören, dann können wir diesen Dreitakt folgendermaßen einüben:

81

Konzentration: Wir konzentrieren uns auf das Läuten der Glocke, jeden Schlag lassen wir in uns mitklingen. Wir bleiben während des Läutens ganz nahe beim Hin- und Herschwingen des Klanges. Wir konzentrieren uns auf dieses Hin und Her, doch ohne uns zu verkrampfen. Wir lassen los und atmen entspannt im Einklang mit der Glocke. Ganz behutsam verfolgen wir das Ausklingen und das Verklingen der Schläge. Wir üben so Konzentration.

Meditation: Während der Meditation behalten wir das innere Klingen bei und wenden uns diesem inneren Hin und Her liebevoll zu. Meditieren heißt sich üben und sich einüben. Wir bleiben beim inneren Läuten und spüren, daß uns das leise Klingen und sich wiederholende Läuten guttut. Wir umkreisen das Läuten in uns und ahnen etwas davon, daß diese Meditation heilende Wirkung hat.

Kontemplation: Das innere Klingen wird immer behutsamer und feiner. Unser Atem geht wie ein Hauch aus uns heraus und in uns hinein. Wir sind ganz Klang. Wir ahnen etwas davon, was Kontemplation sein könnte.

Unser Leben ist voller Anregungen, denen wir uns zuwenden können, um uns in diesem beglückenden Dreitakt Konzentration, Meditation und Kontemplation zu üben. Die Erfahrung, wie gut dieser innere Tanz unserer Seele tut, wird uns animieren, immer neue Impulse aufzunehmen. So brennt, während ich schreibe, vor mir eine Kerze. Dieses ruhig vor sich hin lebende Licht ist eine wunderbare Möglichkeit, den Dreitakt Konzentration – Meditation – Kontemplation einzuüben. Ich konzentriere mich auf das Licht (Konzentration), dann schließe ich die Augen und sehe mit meinem inneren Auge dieses Licht.

Immer wieder wende ich mich ihm zu (Meditation). Mein Atem wird ganz ruhig, schließlich fühle ich mich selbst als Licht (Kontemplation).

Einen weiteren Meditationsimpuls bietet mir der wilde Kirschbaum, der vor meinem Fenster erblüht ist und der sich im Winde wiegt. Im Geäst dieses Frühlingsbaumes singt ein Buchfink und lockt mit seinem sich wiederholenden Lied: »Meditiere doch mich, meditiere doch mich!«

Ich sehe den Vogel an, wie er auf dem Ast sitzt, und konzentriere mich auf sein sich immer wiederholendes Gezwitscher (Konzentration). Dann nehme ich dieses fröhliche Vogelgespräch in mich auf; gerade als ich die Augen schließen will, fliegt der Vogel fort, so als ob er denken würde, er habe seine Pflicht getan. Ich höre jetzt das Gezwitscher in mir und meditiere es, indem ich es immer und immer wieder wiederhole (Meditation).

Dann werde ich leichter und leichter. Ich sitze auf dem Ast des blühenden Kirschbaumes und singe in den Frühlingstag (Kontemplation).

Meditation und Märchen ordnen innere Figuren

Die Jahre kommen mir in den Sinn, als unsere Kinder noch klein waren. Damals gab es Zeiten, in denen gegen Abend alles über mir zusammenbrach. Ich hätte aufräumen sollen, das Nachtessen richten, die Kinder baden. Die Hausglocke läutete, die Buben stritten sich, und das Mädchen weinte. Momente kommen mir in den Sinn, in denen ich nicht mehr ein noch aus wußte. In solchen Augenblicken, wo die Grenzen meiner Geduld und meiner Kraft beinahe überschritten waren, sah ich oft nur noch einen Ausweg.

Ich setzte mich inmitten des Durcheinanders in den großen Ledersack, der damals in unserer Wohnstube lag. Ich nahm meine Kinder in meine Arme und zwischen meine Knie. Vor mir hielt ich das Märchenbuch und las daraus vor. Kaum hatte ich mit dem Vorlesen begonnen, wurde es still. Ein erlösender Seufzer war noch zu hören, die letzten Tränen rollten über die Wangen, und das Märchen entführte uns in eine andere Welt.

Dieses Absacken in den Lederberg und der Griff zum Märchenbuch waren keine bewußten pädagogischen Maßnahmen, sondern eher eine Handlung der Verzweiflung. Ich suchte auch kein besonderes Märchen aus, sondern überließ das dem Zufall. Manchmal war es ein altvertrautes Märchen, manchmal eher ein unbekanntes. Dabei machte ich eine seltsame Erfahrung. Am Ende des Märchens war ich jeweils wieder einigermaßen im Lot und empfand den unüberwindlichen Berg gar nicht mehr als so riesig. Oft hatte sich auch die Stimmung verändert – bei den Kindern wie bei mir. Müde, aber zufrieden stiegen sie ins Bad. Manchmal fühlte ich mich regeneriert und konnte sogar der stressigen Nachtessens- und Insbettbringzeit Gutes abgewinnen.

Diese Erfahrung machte mich stutzig, so daß ich allmählich in ähnlich angespannten Situationen bewußt zum Märchenbuch griff, um im Ledersack immer wieder ähnliches zu erleben. Ich erzählte von den Veränderungen, die ich dabei erfuhr, einmal dem Symbolforscher Alfons Rosenberg. Er erklärte mir folgendes: »Märchen sind archetypische Erzählungen. In ihnen werden Urbilder von Lebenssituationen und Lebenswegen berichtet. Die Gestalten der Märchen sind den inneren Figuren der Seele abgelauscht. Wenn wir abgespannt oder überfordert sind, fallen die inneren Figuren wie auf einem Schachbrett zusammen, sie geraten durcheinander. Beim Lesen oder Hören eines Märchens ist es, als ob ein Magnet unter dem Schachbrett durchgleiten würde, der die Figuren wieder ins Lot und an die richtige Stelle bringt. Und das empfindet man dann als Regeneration, als ein Wieder-im-Lot-Sein.«

So sagte es der alte, weise Mann und lächelte dabei verschmitzt: »Die archetypischen Figuren der Seele sind eben wieder im Lot!«

Männer und Frauen, die die Vaterunser-Chakren-Meditation übend in ihr Leben integrieren, erzählen von ähnlichen Erfahrungen. Situationen von Streß lösen sich auf, ein fast unerträgliches Gefühl von Trauer weicht allmählich, oder sich drehende Gedanken und Gefühle kommen zur Ruhe.

Einer der Gründe für die rasch wirkenden positiven Veränderungen liegt darin, daß in den tiefenpsychologisch gedeuteten Bitten des Vaterunsers unser innerer Lebensweg mit seinen archetypischen Bildern vor die Augen unserer Seele tritt.

Indem ich mir meditierend diese Urbilder einverleibe, wird mein Innenleben geordnet. Und das empfinden wir dann als Regeneration, als ein Zurruhekommen oder als Gefühl des Friedens.

Konflikte des Lebens, die angegangen werden müssen, werden nicht verdrängt. Geordnet durch die Meditation können sie gezielter in Angriff genommen und mutiger gelöst und erlöst werden.

Wenn durch die Mantren des Vaterunsers sich die inneren Figuren meiner Seele ordnen, komme ich schneller zu einer tiefen Meditation.

Weil ich weiß, daß ich zu einem späteren Zeitpunkt die Konflikte des Lebens angehen werde, fällt es mir leichter,

Gedanken und Gefühle, die belastend und sich im Kreise drehend Energie fressen, weder in mich hinein noch von mir weg zu verdrängen.

Verdrängt würden die abgeschobenen oder abgewürgten Inhalte und Probleme doch wieder hochkommen und sich in anderer Form wieder melden. Und dann müßte ich sie immer wieder neu verdrängen und abschieben.

In der Vaterunser-Chakren-Meditation erfahre ich, daß alles Belastende zur Ruhe kommt, und zwar auf folgende Weise:

Die Vaterunsermantren ordnen lösend und lindernd unseren Seelenhaushalt. Schmerzhafte Zustände wie Trauer, Eifersucht und dergleichen werden erträglicher oder lösen sich auf.

Die Meditation wirkt regenerierend, so daß wir mit neuer Kraft Konflikte angehen können, die gelöst oder bearbeitet werden wollen. Und dies wiederum wirkt befreiend und erleichternd und macht das Leben lebenswert.

Die Meditation drängt, soweit sie echt vollzogen wird, zur Umgestaltung des übrigen Lebens hin; sonst entsteht aus ihr eine verlogene Zwiespältigkeit. Umgekehrt drängen die sonstigen Bemühungen der Umgestaltung zum Meditieren hin, weil sie sich ohne dieses oft in der Vergeblichkeit verbrauchen.

Johannes B. Lotz

Meditieren – Studieren – Experimentieren

Das Üben und Integrieren der Vaterunser-Chakren-Meditation vollzieht sich in einem sich immer wiederholenden Dreitakt: Meditieren – Studieren – Experimentieren.

Meditieren

In der Meditation lassen wir alles Wissen los, der Verstand ruht, wir reflektieren nichts. Wir halten uns am Geländer der Mantren oder konzentrieren uns auf die Farben. Wir lassen uns vom Atem in unsere Mitte führen und sind ganz ruhig. In der Meditation müssen wir nichts tun, nichts wissen und nichts reflektieren. In einer Haltung der Anbetung können wir mit Teerstegen uns einfühlen in die Ahnung:

> Du durchdringest alles,
> laß dein schönstes Lichte,
> Gott, berühren mein Gesichte.
> Wie die zarten Blumen
> willig sich entfalten
> und der Sonne stillehalten,
> laß mich so,
> still und froh,
> Deine Strahlen fassen
> und Dich wirken lassen.

Meditieren heißt loslassen und einfach sein, zur Ruhe kommen und die Erfahrung machen, daß dieses Sein volles Leben und eine »Feier« des Lebens ist.

Studieren

Im zweiten Teil unseres Dreitaktes geht es um Erkenntnis und Wissen. Wir wollen dabei den Geheimnissen der Chakren auf die Spur kommen, den Lauf des Lebensweges anhand der gedeuteten Vaterunserbitten verstehen und diese tiefen Wahrheiten anhand des Lebens Jesu oder der Märchen immer wieder in uns aufnehmen.

Wir interessieren uns auch für die Bedeutung der Elemente und der Farben. Wenn wir loslassen, still werden und meditieren, dann bleibt das Wissen nicht im Kopf, sondern es senkt sich in tiefe Schichten unserer Seele ein. Meditation wirkt heilend. Durch das Verstehen des inneren Weges im Spiegel der Chakren und der Vaterunserbitten können Probleme bewußtgemacht, zielgerichtet bearbeitet und losgelassen werden.

Experimentieren

Im dritten Teil unseres Dreitaktes geht es darum, Erfahrungen zu sammeln. Die Vaterunser-Chakren-Meditation will ins Leben integriert werden. Ein Beispiel soll das verdeutlichen:

In meinem Musiktherapieraum in einem Psychiatriezentrum stand am Fenster ein kleiner Arbeitstisch. An diesem Tisch saß ich nicht nur zum Schreiben, sondern auch zum Meditieren. Ich saß regelmäßig auf demselben Stuhl, blickte zuerst in die Kronen der riesigen Platanen, um dann die Augen zu schließen und um mich der inneren Wirklichkeit zuzuwenden. Ich begann meine Arbeit mit Stillesein und tat es nach Möglichkeit auch zwischen den einzelnen Therapiestunden.

An diesem Platz, immer auf demselben Stuhl mit dem roten Kissen, das mit Linoldrucken verziert war, machte ich folgende Erfahrung: kaum saß ich auf dem Stuhl mit der Absicht zu meditieren (manchmal schon, wenn ich mich dem Stuhl näherte!), spürte ich, wie sich die Chakren zu regen begannen. Wenn ich auf dem Stuhl saß, stellte sich auffallend schnell eine tiefe Meditation ein.

Diese Erfahrung, die sich ständig wiederholte, machte mir bewußt, daß es gut ist, wenn ich mich am selben Ort und zur selben Zeit von der Außenwelt zurückziehe. Das ist eine der vielen Erfahrungen, die ich beim Experimentieren gemacht habe. Andere machen andere Erfahrungen. Es geht darum, daß jeder *seine* Erfahrungen macht.

Mantren sind wie Wegwarten

Während einiger Jahre mußte ich den fünf Kilometer langen Schulweg mit dem Fahrrad hinter mich bringen. Die halbe Strecke fuhr ich auf der betonierten Straße, die zweite Hälfte auf einem Veloweg.

Während dieser ganzen Jahre faszinierten mich meine unterschiedlichen Gemütszustände auf den beiden Wegstrecken. Auf der Betonstrecke wurde ich müde, meine Beine waren schwer, ich konnte das Ende kaum absehen. Auf die Wegstrecke, die rechts und links von Gräsern und Blumen gesäumt war, freute ich mich. Da beobachtete ich die Blumen, vor allem die Wegwarten, die mich in nicht ganz regelmäßigen Abständen mit ihren blauen Augen ansahen.

Indem ich Ausschau hielt nach den nächsten Blumen,

merkte ich kaum, daß ich treten mußte. Die Blumen und Steine, die sich in natürlichen Abständen wiederholten, nährten meine Seele, die Freude regenerierte meine Kräfte. Die gleichen Blumen, von denen doch jede ein eigenes Gesicht hatte, regten auch in mir das Leben an und bewirkten, daß die gleich lange Wegstrecke mir viel kürzer vorkam.

Die Wegwarten, die da rechts und links des Weges auf mich warteten, um mir den Weg zu verkürzen, um mir Freude zuzulachen und um mir meine Müdigkeit zu nehmen, kamen mir wie kleine »Heiler« vor. Diese kleinen Heiler begannen mich zu faszinieren.

Wiederholungen heilen

Offensichtlich liegt eine geheime Heilkraft in den liebevollen Wiederholungen – nicht nur in den Wegwarten.

Vielleicht war es schon damals das sich wiederholende Pochen des Mutterherzens, das uns Mut gemacht hat, auszuharren in der dunklen Höhle des Mutterleibes und uns auf das Abenteuer dieses Erdenlebens einzulassen. In der Wiederholung lernt das Kind. Es übt sich ein in den Lebensweg, den zu gehen es sich hier vorgenommen hat. Wiederholend saugt es Nahrung in sich auf. Die Mutter wiederholt ein Lied und wiegt das Kind im Schlaf. Unzählige Male wiederholt das Kind das Aufstehen und das Gehen, das Sprechen und das Singen. Und später vertreibt es sich das Wartenmüssen, indem es mit anderen Kindern vor dem verschlossenen Kindergarten »aufmachen, aufmachen, aufmachen« singt und ruft (so habe ich es erlebt). Die Rufe tönen immer lauter, immer schneller und zeigen, daß die Kinder sich aufladen im sich wiederholenden Rhythmus, in den sich wiederholenden Intervallen.

Das gleiche Phänomen können wir bei Menschen beobachten, die noch mit der Erde verbunden sind und ohne Maschinen ihre Arbeit verrichten. Afrikaner, die auf ihrem Kahn fahren, werden von einem Trommler begleitet. Der Rhythmus treibt die Ruderer an, und die Rufe, die sie dabei ausstoßen, Intervalle und Rhythmen wiederholend, erneuern sichtbar ihre Kräfte. Oder Waldarbeiter, die Stämme heben und schleppen müssen, unterstützen ihre menschlichen Kräfte mit sich wiederholenden Rufen »hoo-ruck, hoo-ruck«.

Auch in der Musiktherapie, wo Musik zu Heilzwecken eingesetzt wird, spielen Wiederholungen von Klängen, Motiven und Rhythmen eine wesentliche Rolle.

Als ich durch die »Erzählungen eines russischen Pilgers« die Methode des Herzensgebetes kennenlernte, kamen mir die Wegwarten meines Schulweges in den Sinn, die mir den Weg verkürzten und versüßten. Der russische Pilger machte sich seine äußere und innere Reise erträglich durch das Herzensgebet. »Erbarm dich mein, Herr Jesu Christ! Erbarm dich mein, Herr Jesu Christ!«

Er wiederholte diese Bitte mit seinem Atem und mit seinem Herzschlag und setzte seine Pilgerreise immer wieder aufs neue fort[21].

Die Wiederholungen dieses Herzensgebetes nährten und heilten seine Seele, überwanden seine Müdigkeit und verwandelten seine Mutlosigkeit.

Mantren sind heilige Worte, die uns durch ihre Wiederholung ermutigen, auf unserer inneren Lebensreise weiterzugehen. Sie helfen uns auch bei der Bewältigung unseres äußeren Lebens. Durch die Wiederholung eines heiligen Satzes können Schmerzen des Verlassenseins oder der

Trauer so weit gelindert werden, daß wir die alltäglichen Aufgaben wieder verrichten können.

So erzählt eine Frau, daß sie jeweils die Tage, in denen sie auf den ärztlichen Bericht warten muß, nur mit der Wiederholung des Satzes »Bleibt ihr Engel, bleibt bei mir« einigermaßen menschenwürdig überstehen kann.

Ich kenne Menschen, die durch Zeiten seelischer Spannungen gehen müssen und die ihre Schmerzen mit der an Gott gerichteten Bitte »Sprich nur ein Wort, so wird meine Seele gesund« lindern.

Mantren helfen uns, nicht nur Autofahrten zu verkürzen und sinnvoll zu gestalten, sondern vor allem den Kontakt mit unserem inneren wahren Selbst zu pflegen. »Christus in mir, Christus in mir« ist ein Mantra mit tiefer Wirkung. Mantren sind heilige Worte. Sie sind Wegwarten, die uns auf unserer inneren Reise begleiten und uns helfen, das Leben zu meistern.

Die Vaterunsermantren

Die Vaterunsermantren werden in folgender Reihenfolge mit den Chakren unseres Körpers verbunden und meditiert:

Amen.

In der Wiederholung dieses Mantras, das wir mit dem Wurzelchakra verbinden, wird unser Leben auf der Hier-und-Jetzt-Ebene unterstützt. Das Amen hilft uns, uns in der Erde, die unsere Mutter ist, zu verwurzeln. Ganz da zu sein im Hier und Jetzt, das ist eine notwendige Voraussetzung, um die innere Reise anzutreten.

Nur wenn wir ganz auf dieser Erde leben, können wir den Himmel auf die Erde holen. Das Mantra Amen hilft uns, die Spannung des Ganz-hier-auf-der-Erde-Seins und des Sich-für-Gott-Öffnens auszuhalten.

Erlöse uns
von dem Bösen.

Dieses Mantra wird mit dem Polaritätschakra verbunden. Böse ist die Polarisierung, wie das Denken: »Wir sind die Guten, unser Weg ist der richtige – die andern sind die Bösen, ihr Weg ist eine Sackgasse.«
Durch die Wiederholung des Mantras »Erlöse uns von dem Bösen« üben wir uns ein, diese Polarisierungen in unserer eigenen Seele zu entdecken. Die Meditation dieses Mantras brauchen wir dringend für unser Leben, für unser Umfeld und für die ganze Welt. Wir erleben dabei, daß die Pole auch in uns sind und nicht nur bei den anderen!

Führe uns nicht
in Versuchung.

Wer sich auf die innere Reise begeben hat, wird entdekken, daß er immer wieder in die Versuchung gerät, zu polarisieren oder zurückzufallen in das bequemere Leben der Hier-und-Jetzt-Ebene, das nicht reflektiert und sich nicht bemüht, Verdrängtes ins Bewußtsein zu holen. Das Mantra »Führe uns nicht in Versuchung« hilft uns, unsere »Pilgerreise« fortzusetzen. Es ist mit dem Sonnengeflechtschakra gekoppelt.

Vergib uns unsere Schuld,
wie auch wir vergeben
unsern Schuldigern.

Dieses Mantra wird mit dem Herzchakra verbunden. Indem wir unsere Zielverfehlungen kennenlernen und sie
als zu uns gehörig akzeptieren, erfahren wir, daß sie sich
auflösen. Und wenn wir unseren Schuldigern in die Augen
sehen, sehen wir unsere eigenen Augen im Spiegel unserer Schuldner. Wenn wir unsere Verfehlung sehen und
uns selbst vergeben haben, können wir auch dem Schuldner vergeben. Die Wiederholung dieses Mantras unterstützt uns auf unserem Weg in die Freiheit.

Unser tägliches Brot
gib uns heute.

Dieses Mantra ist mit dem Halschakra verbunden. Wenn
wir es meditieren, wird das irdische Brot – und damit alles
Irdische – transparent für das himmlische Brot. Brot ist
das Symbol für die ewige Wirklichkeit, die sich in der
Zeitlichkeit spiegelt.

Dein Reich komme.
Dein Wille geschehe,
wie im Himmel,
so auf Erden.

Indem wir dieses Mantra meditieren, wird unsere Sicht
für das Gottesreich, das kommen, und den göttlichen
Willen, der geschehen wird, geschult und verfeinert. Wir
verbinden dieses Mantra mit dem Stirnauge und erfahren
meditierend, daß das, was wir zutiefst in unserer Seele

wollen, identisch ist mit dem Willen Gottes. Wir erleben, daß die Erfüllung des Psalmwortes »Habe deine Lust an Gott, der wird dir schenken, was dein Herz sich wünscht« in greifbare Nähe rückt! Wir sehen mit dem inneren Auge, wie das Reich Gottes auf dieser Erde aussehen könnte, und wir wünschen, daß es kommt.

Vater unser im Himmel.
Geheiligt werde dein Name.

Bei diesem Mantra entfaltet sich unser Kronenchakra wie die Krone eines Baumes und bildet um uns eine Kapelle der Anbetung, die uns ahnen läßt, was Glückseligkeit ist. Vielleicht dauert diese Ahnung nur einen Augenblick, doch lange genug, um in uns die Sehnsucht zu wecken, in diese Anbetungskapelle immer wieder zurückzukehren. Es geht dabei nicht darum, der Welt zu entfliehen, sondern die göttliche Gegenwart hinunterzuholen ins Leben auf dieser Erde. Es wird uns auch bewußt, daß niemand und nichts uns diesen Ort, an dem wir die Heiligkeit Gottes erleben, wegnehmen oder zerstören kann.

Mantren sind wie Wegwarten. So wie die hellblauen, liebevollen Blumen mich auf dem Weg in die Schule begleiteten, so begleiten uns die Mantren des Vaterunsers auf unserer Lebensreise.

Teil III

Einübung in die
Vaterunser-Chakren-
Meditation

Sitzen, knien oder liegen?

Meditation ist eine Übung, die zwar regelmäßige Disziplin erfordert – aber auch etwas mit Lebensgenuß zu tun hat: Bei meinen Meditationen im Musiktherapieraum saß ich – wie gesagt – auf einem Stuhl. Es war für mich gut, auf einer geraden Sitzfläche zu sitzen, die Fußsohlen nebeneinander auf den Boden zu stellen, den Rücken gerade, aber locker zu halten und die Hände auf die Oberschenkel zu legen.

Ich stellte mir vor, daß aus meinen Fußsohlen und Sitzbeinhöckern Wurzeln wachsen und sich in die Erde graben. Diese Vorstellung bewirkt, daß der Rücken sich aufrichtet wie ein Baum. Es ist gut, sich nicht anzulehnen, den Rücken frei und locker zu halten, damit er sich dynamisch zum Himmel emporrichten kann.

Wer jedoch Rückenschmerzen hat, sollte sich so hinsetzen, daß es ihm dabei wohl ist und sich anlehnen. Es ist gut sich an Regeln zu halten, aber immer in Absprache mit der inneren Stimme. Es gilt zu prüfen, ob die »Vorschrift« der eigenen Entwicklungsstufe und dem eigenen Körper angemessen ist.

Wenn es einerseits wichtig ist, am selben Ort und in derselben Haltung zu meditieren, weil Leib und Seele sich an etwas gewöhnen und sich auf die Erquickung freuen, dann ist es andererseits auch schön zu experimentieren und verschiedene Haltungen beim Meditieren auszuprobieren. So empfinde ich die Qualität der Meditation im Schneidersitz und beim Knien anders als die Meditation auf dem Stuhl oder beim Liegen.

Es lohnt sich auch, ab und zu im Stehen zu meditieren. Wieder verhilft die Vorstellung, daß Wurzeln aus den Fußsohlen sich in die Erde graben, daß der Rücken sich aufrichtet wie ein Baum und daß die Krone dem Himmel entgegenstrebt. Man kann auch beim Gehen meditieren und sich dabei in den Rhythmus des Schreitens vertiefen. Manchmal meditiere ich auch im Schneidersitz. Das Kissen, das ich zum Meditieren verwende, ist mit Grünkernschrot gefüllt. Als ich es im Schaufenster eines Blumengeschäftes liegen sah, wußte ich sofort: »Das ist mein Kissen«, denn es war »zufälligerweise« mit dem gleichen Stoff überzogen wie mein Arbeitsstuhl. Liebevoll packte es der Verkäufer ein und sagte, als er mir das Paket überreichte: »Benützen Sie es nur selbst, das ist Ihr Kissen!«

Jede Meditation erhöht die Qualität unseres Lebens!

Wir singen Vokale

Wir versetzen uns in unsere Kindheit und steigen in unserer Vorstellung mit einigen anderen Kindern auf einem Waldweg in ein Tal hinunter. Unser Ziel ist eine große Höhle, von der man uns erzählt hat, daß in ihr ein wunderbares Echo zu hören sei.

Beim Hinuntersteigen versuchen wir zu üben, was wir dann in die Höhle rufen wollen. Ein Junge beginnt noch etwas schüchtern und ruft in den Wald hinunter: »U–U«, es tönt wie ein Kuckucksruf. Wir anderen lachen, doch dann ruft ein Mädchen: »E–A«, der Ruf klingt wie »steh auf!«. Wir anderen wiederholen: »E–A!« Und dann singen die Mädchen und Jungen alle durcheinander: »E–I–A–U–O« und rennen das letzte Stück des Weges hinunter, doch dann bleiben wir plötzlich stehen, und das Rufen und Lachen und Schwatzen verstummt.

Wir stehen vor der Höhle, und obwohl wir diese Höhle kennen, blicken wir staunend in dieses Wunderwerk der Natur. Vor der Höhle liegt ein gefällter Baumstamm, ein Kind nach dem anderen setzt sich auf ihn. Es ist still, tief in der Höhle tropft das Wasser. Dann ruft eines der Kinder: »U!«, und nach einer Weile kommt das Echo zurück: »U!« Die Kinder merken, daß sie gar nicht laut zu singen brauchen, jedesmal kommt das Echo zurück, und sie singen: »U–A–E …«

Wenn wir auf diese Weise – auch ohne Höhle – die Vokale singen, locker, ganz natürlich und frisch von der Leber weg, können wir auf die einfachste Weise die Chakren anregen. Durch die Schwingungen, die das Vokalesingen an den entsprechenden Stellen im Körper bewirkt, werden die Chakren nicht nur aktiviert, wir können den Ort auch spüren. Wenn wir zum Beispiel die Hand ganz leicht auf den Hals legen und den Vokal E singen, spüren wir die Schwingungen, die an dieser Stelle das Halschakra aktivieren. Dann singen wir nochmals den Vokal E, fühlen uns in das Halschakra ein und versuchen, die Schwingungen im Hals zu spüren, ohne daß wir die Hand auf den Hals legen.

Der Vokal U regt das Wurzelchakra an, das am Ende unserer Wirbelsäule liegt. Durch die Vibration, die das Singen des U am Ende der Wirbelsäule und auf unserem Beckenboden erzeugt, öffnet sich das Wurzelchakra und beginnt zu rotieren. Da es sich in unserem feinstofflichen

Körper befindet, wird es durch den Stuhl, auf dem wir sitzen, nicht gehindert. Es öffnet sich durch die Sitzfläche hindurch.

Da wir für die sieben Chakren nur fünf Vokale zur Verfügung haben, singen wir beim Polaritätschakra einen Vokal, der zwischen dem U und dem O liegt: ein UO; für das Kronenchakra singen wir ein M (im Sanskrit ist das M ein Vokal!).

Wir können die Vokale allein singen oder in einer Gruppe. Die Schwingungen werden erhöht, wenn wir im Kreis sitzen, die Wirkung wird vertieft, wenn wir mit geschlossenen Augen singen. Wir beginnen mit dem U des Wurzelchakra und steigen durch die einzelnen Chakren singend in die Höhe. Je nach Lust und Laune können wir eine Durtonleiter oder eine Molltonleiter singen.

Wenn jeder Teilnehmer in sich hineinhört und den Ton singt, der für ihn stimmt, und wir auf diese Weise allmählich in die Höhe steigen, ohne an die Reinheit der Töne und ohne an Tonleitern zu denken, dann wird sich das im ersten Augenblick wie eine falsche Singerei anhören. Wenn wir uns jedoch an diesen Gesang gewöhnt haben, werden wir bemerken, daß diese unterschiedlichen Töne, die sich aneinander reihen, viel mehr Schwingungen erzeugen als nur harmonische Töne.

Beim Singen richten wir sodann unsere Aufmerksamkeit auf ein Chakra nach dem anderen und singen dazu den entsprechenden Vokal. Beim Singen in den Gruppen setzen wir bei jedem Vokal immer wieder neu an, bis das Gruppengefühl das betreffende Chakra in Schwingung gebracht hat und sich entschließt, weiterzusteigen. Beim Wurzelchakra singen wir U, beim Polaritätschakra UO, beim Sonnengeflecht O, beim Herzchakra A, beim Halschakra E, beim Stirnauge I und beim Kronenchakra M.

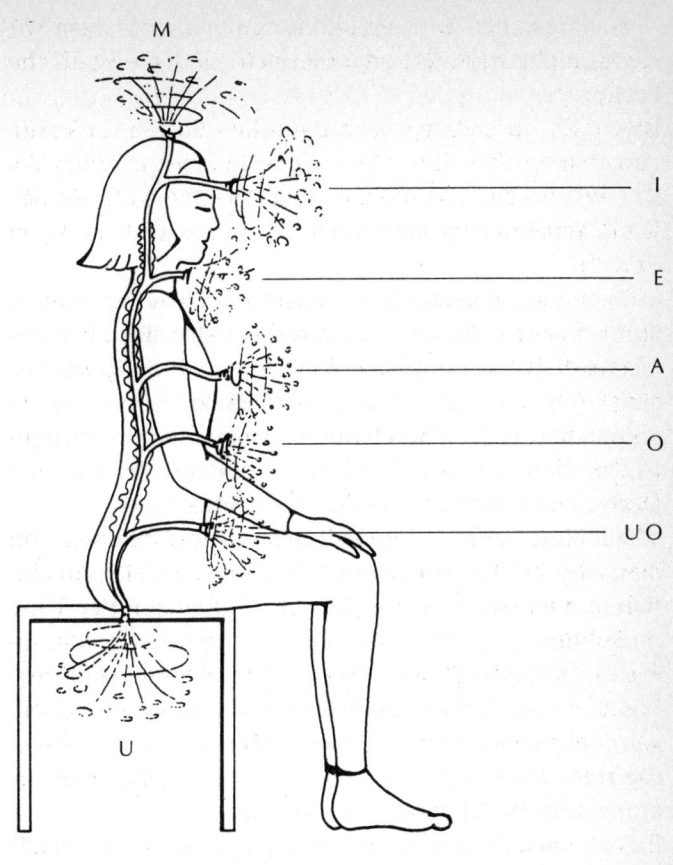

M

I

E

A

O

UO

U

103

Zum Schluß dieser Singmeditation bilden wir ein UOM (Verbindung der unteren Chakren mit dem Kronenchakra) und wiederholen es und lassen es langsam verklingen.

Wir entspannen uns

In unseren Meditationsgruppen sitzen wir in der Regel auf Stühlen. Jeder Teilnehmer kann jedoch selbst bestimmen, welche Meditationshaltung er einnehmen will. So gibt es welche, die mit Hilfe eines Bänkleins oder einer gerollten Decke knien oder im Schneider- oder Lotussitz sitzen. Manchmal ist auch jemand in der Gruppe, der wegen eines Rückenleidens beim Meditieren liegt. Mir gefällt diese Vielfalt. Sie macht sichtbar, daß die verschiedenartigsten Menschen, die zum gemeinsamen Meditieren zusammengekommen sind, Eigenverantwortung übernehmen.

Wir sitzen fest auf unserer Unterlage und spüren, wie wir ganz schwer werden. Wir stellen uns vor, daß die Erde uns trägt und uns die Lasten abnimmt, wir lassen los und atmen aus. Wir danken der Erde, daß sie uns trägt und daß sie uns nährt. Wir atmen aus und lassen los. Dankbarkeit erfüllt uns, daß wir die Türe zu unseren inneren Räumen öffnen können, Dankbarkeit auch für die Menschen, die mit uns still werden und uns Geborgenheit schenken. Gemeinsam kommen wir zur Ruhe, und doch ist jeder ganz bei sich selbst.
Wir atmen aus und spüren, wie der Atem von alleine uns wieder erfüllt. Wir folgen unserem Atem in unsere Mitte, liebevoll und behutsam gehen wir ihm nach. Unser Atem

wird ganz ruhig. Wir sind ganz schwer und stellen uns vor, daß aus unseren Fußsohlen und unseren Sitzbeinhöckern (am Rande des Beckens) Wurzeln sprießen und sich in die Erde graben. Wie ein Baum, der fest in der Erde verwurzelt ist, richtet sich unser Rücken auf zum Himmel. Unser Herz schlägt ruhig und regelmäßig, und wir sitzen locker und aufrecht. Wir sind fest verwurzelt mit unserer Erde. Voll Vertrauen lassen wir los, was uns belastet, mit jedem Atemzug lassen wir los.

Jetzt können wir uns auf die Farbreise begeben und anschließend die Vaterunser-Chakren-Meditation meditieren.

Wir können aber auch direkt mit der Vaterunser-Chakren-Meditation beginnen.

Eine Farbreise

Wir begeben uns auf einen Weg, der durch Wiesen und Äcker führt. Ein rotes Mohnblumenfeld auf rotbraunem Ackerboden leuchtet uns entgegen. Wir bleiben stehen und lassen uns von der roten Energie der Blumen und der Erde durchstrahlen. Diese rote Energie dringt durch alle Poren unserer Haut und durchströmt unseren Körper mit seinen Organen. Wir werden ganz vom Rot des Mohnblumenfeldes durchflutet. Wir lassen uns einhüllen von diesem Licht, das uns fest mit der mütterlichen Erde verbindet.

Wir danken der Erde, daß sie uns trägt und liebt, daß sie uns Lasten abnimmt, uns nährt und uns mit ihrer Energie versorgt.

Dann gehen wir weiter. Der Blick öffnet sich, wir sehen einen Fluß, über dem die Sonne aufgeht. Der leuchtendorange Sonnenball spiegelt sich im ruhig dahinfließenden Wasser. Wir bleiben stehen und lassen uns hineinnehmen in das orange Licht des Wassers. Wir atmen diese orange, sich im Wasser widerspiegelnde Energie in uns ein und erleben, wie sie uns durchdringt und durchleuchtet. Unser Körper, der zum größten Teil aus Wasser besteht, nimmt dieses Orange auf. Wir spüren, wie es uns anregt, und wir ahnen die Kräfte des Wassers. Lange blicken wir ins Wasser und lassen uns beleben und aufladen.

Langsam steigt die Sonne höher und verwandelt sich in strahlendes Gelb. Wir wandern weiter, ein gelbes Sonnenblumenfeld leuchtet uns entgegen. Wir nehmen das gelbe Licht in uns auf und atmen es tief ein. Unser Sonnengeflecht öffnet sich weit beim Anblick der ihm verwandten Blumen. Wie ein reinigendes Feuer durchlodert die gelbe Energie unseren Körper mitsamt seinen Gefühlen und Gedanken.
Bewußt setzen wir uns dem gelben Licht der Sonne und der Blumen aus. Das goldene Sonnenlicht wird wärmer und erinnert uns ans Feuer der inneren Lebensprozesse.

Der Weg führt uns jetzt auf eine Anhöhe. Wir schreiten über eine grüne Wiese dem Waldrand zu. Unter dem grünen Dach einer Buche bleiben wir stehen. Die herabhängenden Zweige mit ihren zartgrünen Blättern umhüllen uns wie ein Zelt. Leise streicht der Wind durch die Blätter, wir lassen uns wiegen vom Wind und durchwehen vom Grün.

Dann wandern wir weiter den Berg hinauf. Oben wölbt sich ein blauer Himmel über uns. Wir legen uns hin und lassen uns vom Blau des Himmels einhüllen und durchstrahlen. Die beruhigende Wirkung des Blau entführt uns in einen friedlichen Schlaf. Im Traum sind wir durchdrungen vom himmlischen Blau.

Wir schreiten weiter und sehen vor uns eine Kapelle. Wir betreten sie und bleiben im Vorraum stehen, indigoblaue Glasscheiben verleihen dem Raum eine Atmosphäre der Ruhe, wir atmen das indigoblaue Licht ein. Das Indigoblau beruhigt unseren Geist und unsere Nerven. Wir lassen uns von dieser Energie einhüllen.

Dann gehen wir in die Kapelle hinein. Die Sonne scheint durch die violetten Fensterscheiben. Wir lassen uns vom göttlichen violetten Licht durchfluten, atmen es ein und spüren, wie das Violett uns mit tiefem Glück erfüllt. Hier möchten wir bleiben, es ist ganz still, in uns schweigt alles. Wir sind angekommen. Wir sind da. Wir sind hineingenommen in das göttliche *Sein*.

Noch einmal atmen wir das violette Licht ein, dann gehen wir durch den indigoblau erleuchteten Vorraum und blicken im Freien in den blauen Himmel. Langsam steigen wir den Berg hinunter, unter dem grünen Blätterdach der Buchen hindurch.
Wir verlassen den Wald und erblicken das gelbe Sonnenblumenfeld. Am Fluß bleiben wir stehen und schauen ins Wasser, das von der untergehenden Sonne leuchtendorange gefärbt ist. Dann schreiten wir weiter. Im Abendlicht leuchten uns die roten Mohnblumen entgegen.

Jetzt verlassen wir die wunderbare innere Realität, bewegen uns leicht, atmen einige Male durch, öffnen die Augen, um die äußere, sichtbare, spürbare Wirklichkeit wieder wahrzunehmen.

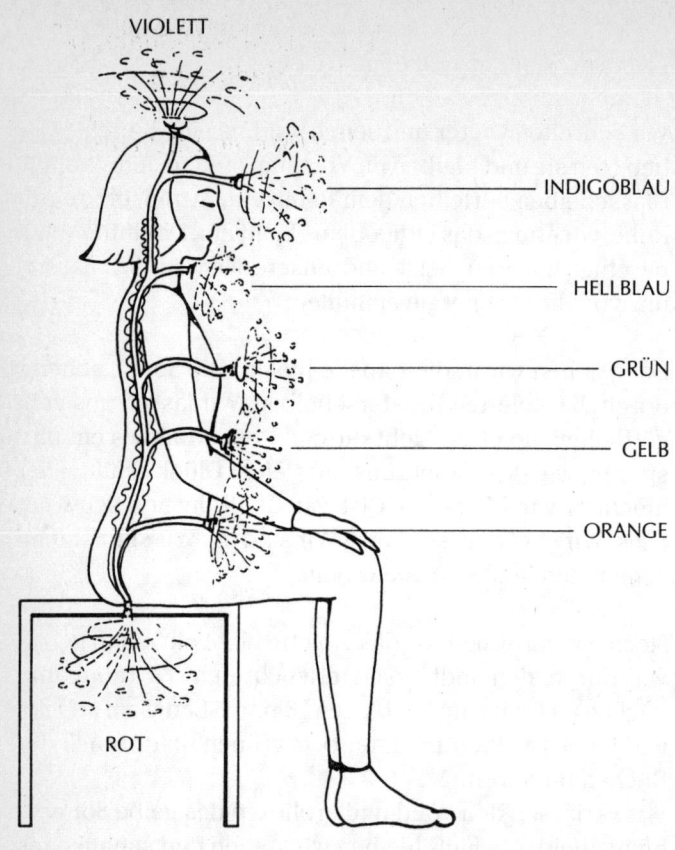

VIOLETT

INDIGOBLAU

HELLBLAU

GRÜN

GELB

ORANGE

ROT

108

Die Vaterunser-Chakren-Meditation

Von Arnold Bittlinger

(Der Abdruck erfolgt mit freundlicher Erlaubnis des Verfassers.)

Wurzelchakra

Einstimmung

Wir leben in dieser Welt.
Wir leben jetzt in diesem
Augenblick.
Wir leben auf dieser Erde.
Sie ist unsere Mutter.
Wir spüren, daß die Erde uns
trägt.
Wir sind an unserem Platz
fest in der Erde verwurzelt.

Amen

Meditation

Wir richten unsere
Aufmerksamkeit
auf unser Wurzelchakra
und stellen uns vor,
daß es sich beim Wort
»Amen«
wie eine Blume öffnet.
Rotes Licht strömt
durch das geöffnete Chakra
in uns ein.

Stille

Polaritätschakra

Einstimmung

Wir leben in einer
gespaltenen Welt.
Wir spalten zwischen Ost
und West,
zwischen Nord und Süd,
zwischen Schwarz und Weiß,
zwischen Mann und Frau,
zwischen Gut und Böse,
Wir wissen, daß diese
Polarisierungen böse sind.
Wir sehnen uns nach der
Erlösung
aus dieser Gespaltenheit.
Wir sehnen uns nach
Ganzheit.

Meditation

Wir richten unsere
Aufmerksamkeit
auf das Polaritätschakra
und stellen uns vor,
daß es sich bei der Bitte
»Erlöse uns von dem Bösen«
wie eine Blume öffnet.
Oranges Licht strömt
durch das geöffnete Chakra
in uns ein.

Stille

Sonnengeflecht

Einstimmung

Sich dem Geist Gottes
öffnen heißt:
Ja sagen zur Veränderung.
Immer wieder stehen wir in
der Versuchung,
an der Einseitigkeit
festzuhalten,
statt die rechte Mitte zu finden;
oder festzuhalten
am Alten, Liebgewordenen,
aber Überholten,
statt es in den Tod zu geben,
damit Neues entsteht.

Führe uns nicht in Versuchung

Meditation

Wir richten unsere
Aufmerksamkeit
auf das Sonnengeflecht
und stellen uns vor,
daß es sich bei der Bitte
»Führe uns nicht in
Versuchung«
wie eine Blume öffnet.
Gelbes Licht strömt
durch das geöffnete Chakra
in uns ein.

Stille

Einstimmung

Wir denken jetzt an Situationen,
in denen wir das Ziel
unseres Lebens verfehlt haben,
wo wir den Versuchungen
erlegen sind,
wo wir uns selbst nicht treu waren,
wo wir Nein gesagt haben zu
den Impulsen unseres wahren
Selbst.
Wir bringen diese
Zielverfehlungen zum Kreuz
Christi.
Das Kreuz ist ein Symbol der
Ganzheit.
Im Kreuz sind Gott und Satan,
das Ja und das Nein zu
einem Ganzen geworden.
Im Kreuz sind deshalb alle
Zielverfehlungen aufgehoben,
unsere eigenen und die
unserer Mitmenschen.

Vergib uns unsere Schuld,
wie auch wir vergeben
unsern Schuldigern

Meditation

Wir richten unsere
Aufmerksamkeit
auf unser Herzchakra
und stellen uns vor,
daß es sich bei der Bitte
»Vergib uns unsere Schuld,
wie auch wir vergeben
unsern Schuldigern«
wie eine Blume öffnet.
Grünes Licht strömt
durch das geöffnete Chakra
in uns ein.

Stille

Einstimmung

Wir alle leben vom irdischen
Brot.
Wir sind dadurch verbunden
mit unserer Mutter Erde
und mit all ihren Kindern.
Alles irdische Brot ist
Abbild des himmlischen Brotes,
das unseren inneren Menschen
ernährt. Wir sind dadurch
verbunden mit der ewigen Welt.

Unser tägliches Brot
gib uns heute

Meditation

Wir richten unsere Aufmerksamkeit
auf unser Halschakra
und stellen uns vor,
daß es sich bei der Bitte
»Unser tägliches Brot gib
uns heute«
wie eine Blume öffnet.
Hellblaues Licht strömt
durch das geöffnete Chakra
in uns ein.

Stille

Stirnauge

Einstimmung

Unser Blick ist immer wieder
gefangen
von der sichtbaren Wirklichkeit.
Wir wissen jedoch, daß das
Eigentliche
für die äußeren Augen
unsichtbar ist.
Wir öffnen deshalb unser
inneres Auge,
um den Willen Gottes zu
erkennen
und um sein Reich zu schauen.

Dein Wille geschehe,
wie im Himmel, so auf Erden.
Dein Reich komme

Meditation

Wir richten unsere
Aufmerksamkeit
auf unser Stirnauge
und stellen uns vor,
daß es sich bei der Bitte
»Dein Reich komme.
Dein Wille
geschehe, wie im Himmel,
so auf Erden«
wie eine Blume öffnet.
Indigoblaues Licht strömt
durch das geöffnete Chakra
in uns ein.

Stille

Einstimmung

In dir, Gott, ist alles enthalten:
Die Erde und der Himmel.
Die Mutter und der Vater.
Das Weibliche und das
Männliche.
Das Böse und das Gute.
Indem wir mit dir, Gott,
verbunden sind,
haben wir Anteil an deiner
Ganzheit.
So wird dein Name geheiligt.

Dein Name werde geheiligt,
unser Vater im Himmel

Meditation

Wir richten unsere
Aufmerksamkeit
auf das Kronenchakra
und stellen uns vor,
daß es sich bei der
Anbetung
»Dein Name werde geheiligt,
unser Vater im Himmel«
wie eine Blume öffnet.
Violettes Licht strömt in
uns ein.

Stille

Wir verlassen die innere wunderbare Wirklichkeit und kehren langsam wieder zurück in die äußere, sichtbare Realität. Wir öffnen die Augen und bilden mit einer Hand das Zeichen des Kreuzes:

Vom Kronenchakra (Denn dein ist das Reich) zum Wurzelchakra (und die Kraft), von einer Schulter (und die Herrlichkeit) zur anderen Schulter (in Ewigkeit), dann legen wir die Hand auf das Herzchakra (Amen).

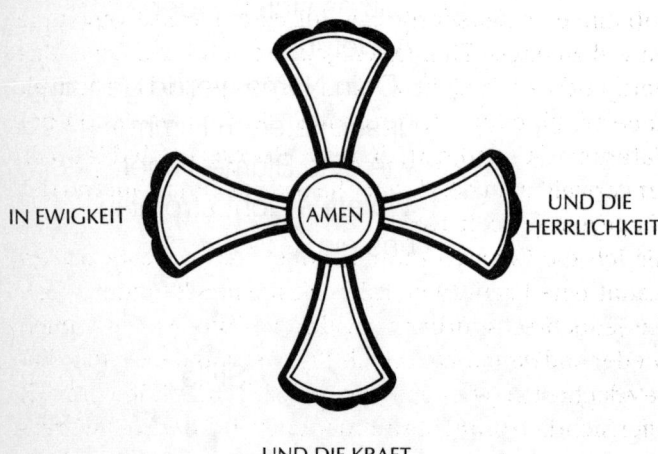

DENN DEIN IST DAS REICH

IN EWIGKEIT

AMEN

UND DIE
HERRLICHKEIT

UND DIE KRAFT

Die »Schnell«-Meditation

Kürzlich verbrachte ich mit meinem dreijährigen Enkel ein paar Tage in den Bergen. Offensichtlich ertrug er das Klima schlecht, er weinte viel, hustete ständig und schlief nachts unruhig. Statt daß wir uns erholten, glitten wir beide in eine übermüdete, gereizte Stimmung. Als wir uns wieder einmal im viel zu kleinen Zimmer, das wir miteinander teilten, befanden und ich kaum mehr ein und aus wußte, da überlegte ich mir, heimzureisen, und schlug das dem Kleinen auch vor. Vielleicht hat diese Aussicht auf uns beide entspannend gewirkt. Jedenfalls kam dem Bub die Idee, er wolle »mit einer Schere schneiden«. Ich gab ihm eine Zeitschrift, und für geraume Zeit war Ruhe im viel zu engen Zimmer eingekehrt. Ich legte mich aufs Bett, und da ich nicht wußte, wie lange die Herrlichkeit dauerte, übte ich wieder einmal die Schnellversion der Vaterunser-Chakren-Meditation. Bei dieser Meditationsart verweilt man bei jedem Chakra ungefähr während der Länge eines Atemzuges.

Als ich die Chakren durchgeatmet hatte, stellte ich erstaunt eine leichte Veränderung meines Befindens fest, die jedoch so spürbar war, daß ich die Welt um mich wieder anders empfand. »Ich Narr vergaß der Zauberdinge!« dachte ich (wie Papageno in der »Zauberflöte«!). Doch offensichtlich braucht es Situationen, bei denen die Grenze des vermeintlich Erträglichen einem diese kleinen »Zauberdinge« wieder in Erinnerung ruft.

Die Schnellmeditation kann dann angewendet werden, wenn zu ausführlichem Üben keine Zeit vorhanden ist. Eine Mutter mit drei Kindern erzählte folgendes: »Ich saß in der Küche vor dem Backofen und wollte nicht, daß der Kuchen verbrennt. Für Augenblicke war es ruhig, die

Kinder spielten. Halb unbewußt vollzog ich die Schnell-
meditation und stellte danach erfreut die kleine Regene-
ration fest, die ich vor dem Mittagessen gerade brauchte.«
Ein Therapeut berichtete, wie er nach der Arbeit auf der
Heimfahrt im Bus jeweils die Schnellmeditation übt. Die
Fahrt habe für ihn dadurch das unangenehme, stressige
Gefühl verloren. Die Schnellmeditation wirke sich ent-
spannend-regenerierend aus.

Wir richten unsere Aufmerksamkeit auf unser Wurzelchakra, verbinden das Ausatmen mit dem »Amen« und
atmen durch dieses Chakra neue Energie ein.

Dann richten wir unsere Aufmerksamkeit auf das Polaritätschakra, verbinden das Ausatmen mit dem Satz »Erlöse uns von dem Bösen« und atmen durch dieses Chakra
neue Energie ein.

Wir wenden uns dem Sonnengeflechtschakra zu und verbinden das Ausatmen mit der Bitte »Führe uns nicht in
Versuchung« und atmen durch dieses Chakra neue Energie ein.

Wir wenden uns dem Herzchakra zu und verbinden das
Ausatmen mit der Bitte »Vergib uns unsere Schuld, wie
auch wir vergeben unsern Schuldigern« und atmen durch
dieses Chakra neue Energie ein.

Dann richten wir unsere Aufmerksamkeit auf das Halscha-
kra, verbinden das Ausatmen mit dem »Unser tägliches
Brot gib uns heute« und atmen durch dieses Chakra neue
Energie ein.

Wir richten unsere Aufmerksamkeit auf unser Stirnauge
und verbinden das Ausatmen mit der Bitte »Dein Reich
komme. Dein Wille geschehe, wie im Himmel, so auf Erden« und atmen durch dieses Chakra neue Energie ein.

Dann stellen wir uns das Kronenchakra vor und verbinden das Ausatmen mit der Anbetung »Geheiligt werde

dein Name. Vater unser im Himmel« und atmen durch dieses Chakra neue Energie ein.

In unserer Vorstellung schließen wir eine geöffnete Chakrablume nach der anderen. Wir beginnen mit dem Kronenchakra, wenn wir beim Wurzelchakra angelangt sind, sind wir wieder voll präsent.

Die Schnellmeditation ist eine wirksame Art der Vaterunser-Chakren-Meditation. Natürlich braucht sie etwas Übung. Wer begeistert ist von seiner inneren Reise, der braucht die Gelegenheiten nicht zu suchen, sie werden bei ihm anklopfen: Im Wartesaal beim Arzt, während eines Konzerts, in einer Arbeitspause oder auf einer Eisenbahnfahrt, vor einer schwierigen Aussprache oder vor einem beruflichen Einsatz, dann, wenn die Zeit zu einer längeren Entspannung nicht vorhanden ist.

Von einer Frau weiß ich, daß sie diese Meditationsart während der Untersuchungen im Spital anwendet. Da es bei der Schnellmeditation zu keiner Tiefenentspannung kommt, kann man sie sogar während des Autofahrens üben. Sie wirkt regenerierend und entspannend zugleich.

Natürlich kann bei jedem Chakra auch länger verweilt werden, zum Beispiel zwei, drei oder mehrere Atemzüge. Wichtig ist, daß die geöffneten Chakrenblumen in der Vorstellung wieder geschlossen werden, so daß wir nur erneuernde Energie aufnehmen und keine Schwingungen, die uns niederdrücken oder lähmen.

Wer Lust hat, kann auch die Farben mit ins Üben hineinnehmen. (Wer mit der Schnellmeditation etwas erfahren ist, sieht die Farben ohnehin.)

Meditieren ist jedoch kein Wettrennen und kein Leistungssport. Jeder bestimmt sein Tempo, seine Lernschritte und seine Erfahrungen selbst. Der beste Lehrmeister ist die Begeisterung!

Ein Lebensrückblick

Trix hatte sich entschlossen, ihren Stempel zu ändern, das Schild an der Haustüre zu erneuern und Freunden und Bekannten mitzuteilen, daß sie jetzt »Beatrice« heißt. Dann räumte Beatrice ihre Wohnung auf. Sie ordnete ihre Bücher und sortierte alle Bände aus, die für sie an Aktualität verloren hatten. Kritisch betrachtete sie Bilder, Möbel und die vielen kleinen Gegenstände in der Wohnung und trennte sich von allem, was seine erfrischende Wirkung eingebüßt hatte. Sie nahm Geschirr, Andenken und auch Kleider dahingehend »unter die Lupe«, ob sie aufbauend oder lähmend wirkten. Dann trennte sie sich von vielem, sie erinnerte sich nochmals an die guten Erfahrungen, die sie mit diesen Gegenständen gemacht hatte, und löste sich in Dankbarkeit.

Es war, als ob ein frischer Wind durch die luftigen Räume und Kästen wehen würde. Beatrice hatte vor, eine ihrer Töchter in Indien zu besuchen. Es war ihre erste große Reise, die sie allein unternahm. Im tiefsten Innern wußte sie, daß alles gutgehen und sie wohlbehalten wieder zurückkehren würde. Dennoch weckten ihre Reisepläne den Wunsch, einen Lebensrückblick zu unternehmen. Die aufgeräumte Wohnung mag das Ihrige zum Wunsch beigetragen haben, auch in ihrem Leben aufzuräumen.

Vieles belastete und schmerzte sie. Ein Traum, in dem sie ihr Leben wie in einem Film betrachten konnte, ermutigte Beatrice, einmal in einem Zuge das aufzuschreiben, was ihr an Lebenserinnerungen in den Sinn kam. Der Traum, den Beatrice rückwärts bis in die früheste Kindheit träumte, löste in ihr das Bedürfnis aus, das Leben von der ersten bewußten Erinnerung her noch einmal zu erleben. »Wenn mich schon der Traum beflügelt hat, so wird mir auch das

Niederschreiben der Erinnerungen guttun«, überlegte Beatrice. Innerhalb einer Woche räumte sich Beatrice täglich eine bestimmte Zeit dafür ein. Sie meditierte vor dem Schreiben etwa zwanzig Minuten die Vaterunser-Chakren-Meditation, dann schrieb sie sich die Seele frei. Bei schmerzhaften Erinnerungen verweilte sie länger, befreite innere verwahrloste Kinder und schloß Freundschaft mit grauen Schwestern, die in dunklen Kellern ein trauriges Dasein fristeten. Für gute Erfahrungen dankte sie, um sie beim Schreiben loszulassen. Viel Trauer erlebte sie noch einmal beim Durchgehen ihrer Ehe, bis sie schließlich auch bei diesem Kapitel Erinnerungen der Dankbarkeit und des Glücks zulassen konnte.

Beatrice äußerte den Wunsch, diesen Lebensrückblick ganz bewußt mit einem Ritual abzuschließen. Sie hatte mich dazu eingeladen. Beatrice hatte einen kleinen Altar hergerichtet und ihn mit Blumen und ihren Lieblingssteinen geschmückt. Der siebenarmige Leuchter stand mit frischen, weißen Kerzen bereit, Bergamotteöl verströmte seinen heilenden Duft. Folgendermaßen gestalteten wir das Ritual:

Beatrice erzählte mir etwa eine Stunde lang aus ihrem Leben, was ihr in den Sinn kam, schmerzliche Erinnerungen ließ sie nochmals aufsteigen, um sich liebevoll den Wunden zuzuwenden und um sich dann vom Erlebten zu verabschieden.

Anschließend meditierten wir die Vaterunser-Chakren-Meditation. Bei jedem Chakra fügten wir die Themen und Phasen des Lebens ein, die hierzu gehörten, manchmal sprachen wir Bereiche nochmals aus oder ließen sie innerlich los. Zur Abrundung jeder Vaterunseraffirmation zündete ich am siebenarmigen Leuchter die entsprechende Kerze an. Und hier nun die Meditation von Beatrice:

Beatrice meditiert zunächst das Wurzelchakra: »Ich lebe jetzt in dieser Welt, ich lebe in meinem Körper. Die Erde ist meine Mutter und trägt mich. Sie hilft mir die Last meines Lebens zu tragen. Sie trägt alle Menschen, die zu meinem Leben gehören. – Ich denke jetzt besonders an meine Töchter Roswith und Ruth und an meinen Sohn Ueli und an meine Nachbarin Emma. Alle sind sie in meinem Leben und auf dieser Erde verwurzelt. Ich sage ja zu diesem Leben. Ja, so ist mein Leben – Amen – so ist es.

Ich wende mich dem Wurzelchakra zu und stelle mir vor, daß es sich beim ›Amen‹ wie eine Blume öffnet, rotes Licht strömt in mich ein und hüllt mich ein.«

Während Beatrice dies ausspricht, zünde ich am sieben-armigen Leuchter die erste Kerze an. Und dann schweigen wir miteinander.

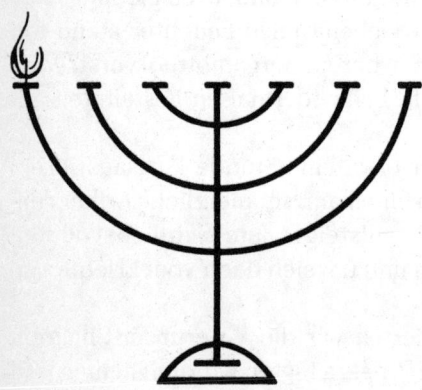

Nach der Zeit der Stille meditiert Beatrice über das Polaritätschakra: »Ich lebe in einer gespaltenen Welt. Ich leide an der Polarisierung zwischen Ost und West, zwischen Mann und Frau, zwischen Gut und Böse. Alle Not, die das

Polarisieren in meinem Leben ausgelöst hat, wird mir bewußt. – Ich denke jetzt besonders an Erika, die mich immer wieder mit ihrem Geschwätz aufregt, und an meinen Chef, der so kleinlich ist. Die geschwätzige Erika spiegelt mir meine schwatzhafte Seite und der kleinliche Chef meine eigene Engstirnigkeit und Kleinlichkeit wider. Ich sehne mich nach Erlösung aus dieser Polarisierung und Gespaltenheit, die das Urböse ist. Ich sehne mich nach Ganzheit.

Ich wende mich jetzt dem Polaritätschakra zu und stelle mir vor, daß es sich bei der Bitte ›Erlöse mich von dem Bösen‹ wie eine Blume öffnet, oranges Licht durchströmt mich.«

Während Beatrice dies ausspricht, zünde ich am siebenarmigen Leuchter die zweite Kerze an.

Nach einer Zeit der Stille meditiert Beatrice das Sonnengeflechtschakra: »Ich lasse das Polarisieren los, denn ich weiß, daß beide Pole in mir sind. Ich denke jetzt an die falsche Entscheidung, die ich – wider besseres Wissen – vor drei Jahren gefällt habe, und an alles, was daraus entstanden ist. Ich willige ein in die Veränderung meines Lebens. Altes und Überholtes, alles, was mich zurückhalten will, lasse ich los.

Ich gebe das alles in den Tod, damit Neues auferstehen kann.

Ich wende mich jetzt dem Sonnengeflechtschakra zu und stelle mir vor, daß es sich bei der Bitte ›Führe uns nicht in Versuchung‹ wie eine Blume öffnet. Gelbes Licht umgibt und durchströmt mich.«

Während Beatrice so meditiert, zünde ich die dritte Kerze am siebenarmigen Leuchter an.

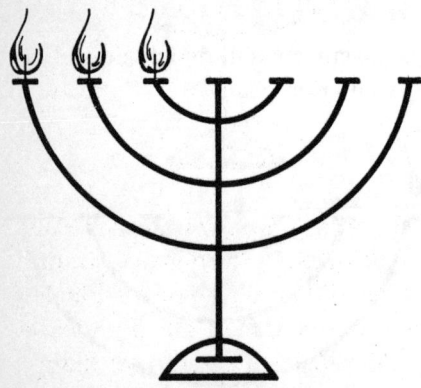

Nach einer Zeit der Stille meditiert Beatrice das Herzchakra: »Viele Umwege und Zielverfehlungen in meinem Leben kommen mir in den Sinn. Dieses Nein zu meinem Lebensstrom bringe ich zum Kreuz, dem Zeichen der Ganzheit. Da sind alle Zielverfehlungen meines Lebens aufgehoben, die eigenen und die meiner Mitmenschen. Ich weiß, daß jetzt auch meine Fehlentscheidungen und mein Versagen zum Guten wirken.

Ich wende mich meinem Herzchakra zu und stelle mir vor,

daß es sich bei der Bitte ›Vergib uns unsere Schuld, wie auch wir vergeben unsern Schuldigern‹ wie eine Blume öffnet, grünes Licht durchströmt mich.«

Während Beatrice so meditiert, zünde ich die vierte Kerze an.

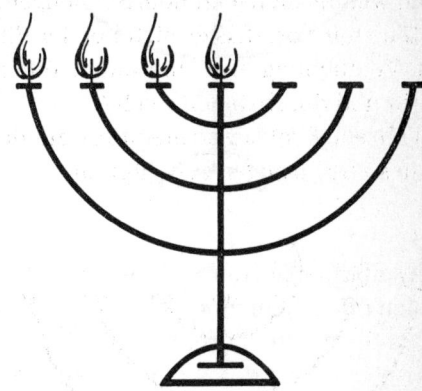

Nach einer Zeit der Stille meditiert Beatrice das Halschakra: »Vor mir liegt ein Laib Brot. Ich danke Gott, daß ich genug zu essen habe. Das Bibelwort kommt mir in den Sinn: ›Der Mensch lebt nicht vom Brot allein.‹ Alles in dieser irdischen Welt ist durchscheinend für die himmlische Welt. So erinnern mich auch die Kerzen an diesem Leuchter an Jesus Christus, der das ›Licht der Welt‹ und auch das Licht in mir ist.

Ich wende mich jetzt meinem Halschakra zu und stelle mir vor, daß es sich bei der Bitte ›Unser tägliches Brot gib uns heute‹ wie eine Blume öffnet, hellblaues Licht durchströmt mich.«

Während Beatrice so meditiert, zünde ich die fünfte Kerze an.

Nach einer Zeit der Stille meditiert Beatrice das Stirnauge:
»Ich öffne mein inneres Auge und vertraue mutig meinen
Visionen, ich spüre, daß meine tieferen Wünsche identisch sind mit dem Willen Gottes. Ein Wort kommt mir in
den Sinn, das mich schon als Mädchen berührt hat: ›Habe
deine Lust an Gott, der wird dir schenken, was dein Herz
sich wünscht.‹ So wünsche ich mir jetzt, daß die nächste
Etappe meines Lebens gelingt.

Ich wende mich nun meinem Stirnauge zu und stelle mir
vor, daß es sich bei der Bitte ›Dein Reich komme. Dein
Wille geschehe, wie im Himmel, so auf Erden‹ wie eine
Blume öffnet, indigoblaues Licht durchströmt mich.

Während Beatrice so meditiert, zünde ich die sechste
Kerze an.

Und schließlich meditiert Beatrice nach einer Zeit der Stille das Kronenchakra: »In dir, Gott, ist alles enthalten, bei dir kann ich still sein, Friede durchströmt mich. Ich spüre den Wunsch in mir, ganz mit dir, dem väterlichen und mütterlichen Gott, vereinigt zu sein, ganz aus dir zu leben. Es kommt mir dabei der Liedvers in den Sinn:

> Mach in mir deinem Geiste Raum
> daß ich dir werd ein guter Baum
> und laß mich Wurzeln treiben.
> Verleihe, daß zu deinem Ruhm
> ich deines Gartens schöne Blum
> und Pflanze möge bleiben.

Ich richte meine Aufmerksamkeit auf das Kronenchakra und stelle mir vor, daß es sich bei der Anbetung ›Geheiligt werde dein Name. Vater unser im Himmel‹ wie eine Blume öffnet, violettes Licht durchströmt mich.«
Während Beatrice so meditiert, zünde ich am siebenarmigen Leuchter die siebente Kerze an.

135

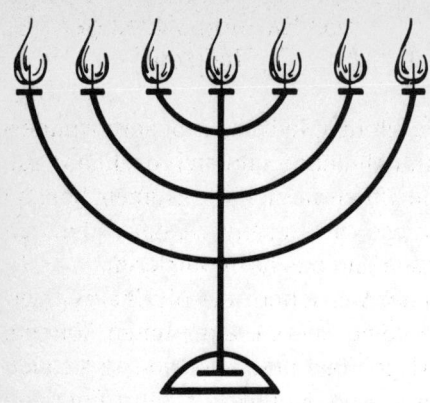

Es ist ganz still, ein tiefer Friede erfüllt den Raum. – Nach einer Weile beginnen die ersten der sieben Kerzen zu flackern und zu tropfen – sie holen uns wieder zurück in die äußere Wirklichkeit. Und dann setze ich mich ans Spinett und spiele ein Lied, Beatrice singt dazu: »Ich halte treulich still und liebe meinen Gott.« Mit Johann Sebastian Bach erfahren wir, daß auch die äußere sichtbare und hörbare Wirklichkeit ihr Schönes hat.

Bei einer solchen »persönlichen« Vaterunser-Chakren-Meditation kann es hilfreich sein, wenn wir uns vorher Gedanken zu den einzelnen Meditationen machen und sie schriftlich festhalten. Wir können dann diese Gedanken während der Meditation lesen und auch noch entsprechend erweitern durch das, was uns dann noch dazu einfällt.

Das Harmonisieren der Chakren

Wenn wir bewußt durch die Meditation unsere wunderbaren Scheiben in aufnehmende und sich drehende Räder verwandeln, dann öffnen sie sich wie Blumen. Ebenso bewußt können wir diese offenen, energieaufnehmenden Räder wieder schließen und uns harmonisieren.

Bei unbewußt lebenden Menschen sind oft Chakren verkrampft, so daß sie keine Energie aufnehmen können. Oder sie sind zu stark geöffnet und starr, so daß sie sich nicht mehr schließen, sondern unkontrolliert Energien aufnehmen, die nicht förderlich sind.

Silvia Wallimann empfiehlt zum Schließen der Chakren (zum Beispiel nach einer Meditation) folgende Übung, die sie »Schließ- oder Neutralisationsübung« nennt. Sie sagt dazu folgendes:

»Mit der nachfolgend beschriebenen Übung können wir die Blockierungen unserer Energiezentren lösen und uns so auch bewußt schützen gegen unfiltriertes und somit schädliches Eindringen von Energien. Gleichzeitig werden dadurch auch der Ätherkörper und die Aura harmonisiert.

Wenn möglich führen Sie diese Übung stehend aus und halten zunächst beide Hände in der Magengegend übereinander,

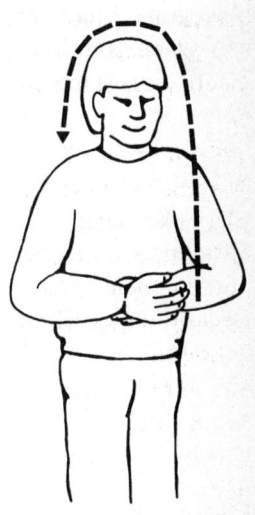

ohne daß sie den Körper berühren. Behalten Sie sie über-
einandergelegt und fahren Sie mit ihnen den Körper hoch
über den Kopf, den Scheitel, bis hinunter zum Genick. Da
lösen Sie die Hände voneinander und kehren in die An-
fangsposition zurück. Das Streichen über den Ätherleib
wiederholen Sie zehn bis fünfzehn Mal und führen es
jeden Morgen nach dem Erwachen und jeden Abend vor
dem Zubettgehen aus ...

Diese manuell auszuführende Schließ- oder Neutralisationsübung funktioniert sowohl am nackten wie auch am
bekleideten Körper. Sie sollte jeden Morgen nach dem
Aufstehen und am Abend vor dem Zubettgehen ausgeführt werden. Diese Schutzübung kann auch während des
Tages bei Bedarf mehrmals wiederholt werden.

Das Schließen entkrampft unsere geistigen Energiezentren und neutralisiert den Ätherleib.

Diese Übung ist so wichtig wie das tägliche Waschen. Sie
können sich nicht zu oft schließen, denn nach der Streich-
bewegung bleiben die Energiezentren nicht etwa geschlossen, sondern sie pulsieren sofort wieder harmo-
nisch und leiten die von außen auf Sie einwirkenden
Energien kontrolliert an ihre angegliederten Organe weiter.

Durch das Neutralisieren der Energiezentren verhindern
wir, daß Energieformen wie Ängste oder Nervosität von
Mitmenschen in unseren Körper hineinfließen können
und uns belasten.«[22]

Diese einfache Übung können wir immer dann anwenden,
wenn wir uns ungeschützt fühlen, zum Beispiel wenn wir
uns in Menschenmassen aufhalten oder wenn wir in ein
Krankenhaus oder in eine Klinik gehen, also in Räume, in
welchen sich kranke und angstvolle Schwingungen befinden.

Diese Schließübung kann auch als aktive Imagination ausgeführt werden. Wenn wir uns zum Beispiel in der Eisenbahn oder in einem Bus befinden und das Bedürfnis haben, uns abzugrenzen oder zu schützen, können wir diese Übung in der Vorstellung ausführen. Durch diese Harmonisierungsbewegungen sind wir für Gefühle der Liebe gleichwohl offen. Wir können auch für uns wichtige Energien aufnehmen, jedoch gefiltert und nicht unkontrolliert.

Wir haben also nicht nur die Möglichkeit, durch unsere Vorstellungskraft unsere Chakren zu blühenden, sich drehenden Blumen zu verwandeln, sondern sie auch wieder zu schließen und zu neutralisieren.

Auch das Zeichen des Kreuzes hat eine harmonisierende Wirkung auf die Chakren. Wir bilden mit der Hand den Längsbalken des Kreuzes, indem wir vom Kopf aus in geringem Abstand über unseren Körper fahren, und dann den Querbalken, indem wir unsere Hand von einer Schulter zur anderen bewegen. In der katholischen Kirche wird der Querbalken von links nach rechts, in der orthodoxen Kirche von rechts nach links ausgeführt. (Auch hier können wir ausprobieren, was in uns und mit uns bei dieser Übung geschieht!)

Beim Amen können wir die Hand aufs Herz legen.

Süchtig nach
Meditation?

Während der Jahre, in denen ich als Musiktherapeutin in einem Psychiatriezentrum arbeitete, klopfte mein Herz jedesmal, wenn ich den Musiktherapieraum betrat. Ich war fasziniert beim Anblick der Instrumente. Ich schlug auf den Gong und stellte mich in seine Schwingung, ich trommelte auf einer afrikanischen Trommel und ließ mich vom Rhythmus beleben. Ich kann folgendes Erlebnis, das mir eine Frau erzählte, sehr gut nachempfinden. Sie hatte sich angewöhnt, jeden Morgen zur selben Zeit eine Gongmeditation als Einstimmung in die Vaterunser-Chakren-Meditation durchzuführen. Einmal verreiste sie frühmorgens. Nachdem sie einige Zeit im Zug gesessen hatte, verspürte sie ein unangenehmes Gefühl, das sie zunächst nicht einordnen konnte. Es war ein Verlangen, ein Bedürfnis nach irgend etwas. Körperlich und seelisch schien sie sich nach etwas zu sehnen. Da hielt der Zug, sie sah auf die Uhr und lachte vor sich hin, es war genau die Zeit, während der sie jeweils ihre morgendliche halbstündige Gongmeditation durchführte. Da sie früh aufstehen mußte, hatte sie an diesem Tag auf ihr gewohntes Gongspiel verzichtet. Körper und Seele meldeten jedoch ihr Bedürfnis nach der vertrauten Übung an. War sie süchtig nach der Gongmeditation?
Der Zug fuhr weiter. Sie schloß die Augen, und in ihrer Vorstellung näherte sie sich dem Gong, fuhr mit den Händen liebevoll über die gerippte Oberfläche der goldenen Sonne, dann schlug sie in der Imagination mit den Fingerspitzen auf den Gong, mit ihrem inneren Ohr hörte

sie die Töne. Sie nahm den Schlägel und spielte zuerst behutsam, dann immer kräftiger und ließ sich von den Schwingungen des metallenen Instruments berieseln und durchfluten.

Als sie nach geraumer Zeit ihre Augen wieder öffnete, erfüllte sie das vertraute gute Gefühl, das sie jeweils nach dem morgendlichen Gongritual hatte. Sie fühlte sich entspannt und angeregt zugleich. Eine gute Wohlspannung erfüllte sie, so wie sie sich jeweils beim Spielen des Gongs einstellte, beim Hören und Fühlen der Klänge, beim Nachklingenlassen der Schwingung und beim Stillesein. »Ich bin süchtig nach Gongmeditation«, dachte sie, lächelte vor sich hin und fuhr zufrieden in den Tag hinein.

Süchtig nach Meditation ist eine gute Sucht, besonders wenn im Wort »süchtig« auch noch das »Suchen« aufleuchtet. Auf der Suche sein nach tieferen Schichten unseres Lebens, auf der Suche nach Lebenssinn.

Im Erlebnis der gongspielenden Frau wird deutlich, wie sich Seele und Körper auf Meditation einstellen und wie sehr sie es lieben, wenn diese Meditation zu einer ganz bestimmten Zeit geschieht. Wer es einrichten kann, täglich zur selben Zeit an einem bestimmten Ort zu meditieren, der tut sich einen großen Liebesdienst. Jene Frau konnte es seit einigen Monaten, denn sie hatte »ausgemuttert«, ihre sechs Kinder waren ausgeflogen, und sie genoß ihr tägliches Morgenritual sehr. Offenbar war das seelisch-körperliche Wohlbefinden, das die Gongmeditation auslöste, für das Leben der Frau so notwendig, daß sie mit Entzugserscheinungen reagierte, als sie dieses Ritual nicht durchführen konnte.

Das Erlebnis der Frau mit dem Gong zeigt, wie Leib und Seele es schätzen, wenn sie sich immer zur selben Zeit setzen dürfen, um sich anzuschließen an die göttliche Welt. Die Wohltat, die wir unserem Körper, unseren Gedanken und Gefühlen zukommen lassen, ist so groß, daß sich Entzugserscheinungen melden, wenn wir sie uns nicht angedeihen lassen.

Teil IV

Im Element sein

»Die Erde ist etwas Wunderbares«, sagte mein Nachbar zu mir. Er läutete an der Haustüre, um zu fragen, ob es etwas mache, wenn mein Enkel »dreckig« werde. Der Kleine helfe ihm, Kartoffeln auszugraben. Vor genau vier Monaten habe er mitgeholfen, die Setzkartoffeln in die Erde zu stecken, und jetzt freue er sich über jeden Knollen, den er im Boden findet und in den Korb legen kann. Es mache nichts, wenn der Kleine »dreckig« werde, denn »Dreck« sei ja Erde, erwidere ich, und ich sei ohnehin daran, mir über die Erde Gedanken zu machen. »Ja, die Erde ist etwas Wunderbares«, wiederholt der Nachbar und hält mir stolz und dankbar einige Kartoffeln hin, die er gerade sorgfältig aus dem Boden gehackt hatte. Während des Gesprächs sehe ich die Wäsche im Wind flattern, eigentlich hätte sie gestern trocknen sollen – sie wurde jedoch von einem kräftigen Gewitterregen, der übers Land gezogen war, wieder patschnaß. Wenn ich von meinem Schreibtisch aus dem Fenster blicke, sehe ich das Räuchlein, das von der Feuerstelle im Garten aufsteigt. Und da kommt auch schon der Kleine. Er meint, er wolle sehen, wie das Feuer brennt. Ich gebe ihm einige Papierstücke, und dann geht er und sieht, wie das Papier zu Feuer wird ... (Wir haben das Glück, am Rande einer Stadt zu wohnen, wo es noch erlaubt und üblich ist, im Garten ein Feuer zu machen!)

Erde, Luft, Wasser und Feuer! Die Elemente, wie sie uns alltäglich umgeben, haben uns schon immer umgeben. Doch wir leben in einer Zeit, wo wir gefordert sind, uns auf neue Weise auf die Elemente einzulassen. Die Elemente fordern uns heraus. Und immer mehr Menschen lassen sich »aus dem Busch klopfen«. Gott sei Dank!

Menschen, die meditieren, spüren den Wind plötzlich anders, differenzierter, sie hören sein lockendes Säuseln, verlassen ihren Stuhl und gehen, um ihn zu spüren, um ihm zu lauschen, oder sie erfahren erstmals die reinigende und regenerierende Kraft, die ein Marsch durchs Sturmwetter in sich birgt. Oder sie ertappen sich, wie sie eine Handvoll Erde aufheben, und es wird ihnen bewußt, wie wunderbar die Erde ist!

Im Üben der Vaterunser-Chakren-Meditation schwingen die Elemente mit und regen uns an, uns mit der Erde (Wurzelchakra), mit dem Wasser (Polaritätschakra), mit dem Feuer (Sonnengeflechtschakra) und mit der Luft (Herzchakra) zu befassen.

Beim Weitermeditieren gelangen wir zum Halschakra, das dem Äther verbunden ist (dem Element der Engel). Dem Stirnauge ist der menschliche Geist und dem Kronenchakra der göttliche Geist zugeordnet.

Übung »im Element sein«

Die Teilnehmer der Gruppe teilen sich in vier Untergruppen – und zwar nach ihren Sternzeichen.

Zur Erdgruppe gehören Stier, Jungfrau und Steinbock.
Zur Wassergruppe gehören Krebs, Skorpion und Fische.
Zur Feuergruppe gehören Widder, Löwe und Schütze.
Zur Luftgruppe gehören Zwillinge, Waage und Wassermann.

1. Nun gehen die vier Gruppen im Raum umher und finden ihre spezifische Art, wie sie auf dieser Erde gehen,

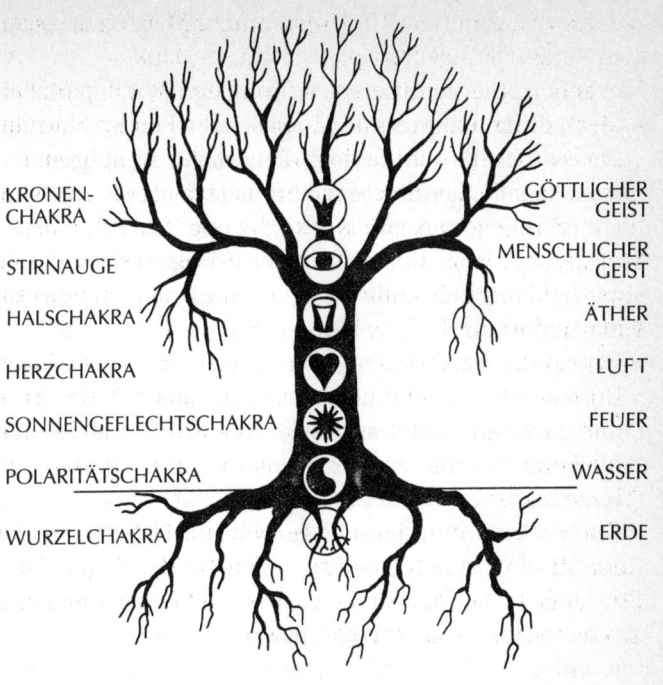

KRONEN-
CHAKRA

STIRNAUGE

HALSCHAKRA

HERZCHAKRA

SONNENGEFLECHTSCHAKRA

POLARITÄTSCHAKRA

WURZELCHAKRA

GÖTTLICHER
GEIST

MENSCHLICHER
GEIST

ÄTHER

LUFT

FEUER

WASSER

ERDE

heraus. Anschließend bespricht jede Gruppe ihre Erfahrung.

2. Eine Gruppe, zum Beispiel die Erdgruppe, geht nun »erdhaft« im Raum umher, die anderen betrachten dieses erdhafte Gehen. Im Gespräch wird der Unterschied zum eigenen Sichbewegen herausgearbeitet. Auch die anderen Gruppen, die Wassergruppe, die Feuer- und die Luftgruppe, fühlen sich als Gruppe in ihr ganz spezifisches Gehen als Wasser-, Feuer- oder Lufttypen.

3. Als Variante zu dieser Übung können Instrumente zu Improvisationen hinzugezogen werden. Trommeln, Holzrasseln, Rhythmusinstrumente aus Metall, Holz und anderem Material, Gongs, Becken, Triangel und Blasinstrumente liegen zur Auswahl. Das Herausspüren, welche Instrumente zur Erde, zum Wasser, zum Feuer oder zur Luft passen, sensibilisiert die Beziehung zu den einzelnen Elementen.

Die Gruppen stellen nun ihr Element dar und werden von den anderen mit den zum Element passenden Musikimprovisationen begleitet.

4. In unzähligen Variationen können Erd-, Wasser-, Luft- und Feuertypen Erfahrungen mit den jeweils anderen Elementen machen, durch Improvisation und Bewegung. In den Erlebnissen mit den anderen Elementen kann sich auch das »Sich-im-eigenen-Element-gut-Fühlen« herauskristallisieren.

In dieser Übung können wir auch sensibel werden für das, was wir brauchen, was uns guttut oder heilend wirkt – das kann das eigene Element sein, vielleicht auch ein anderes.

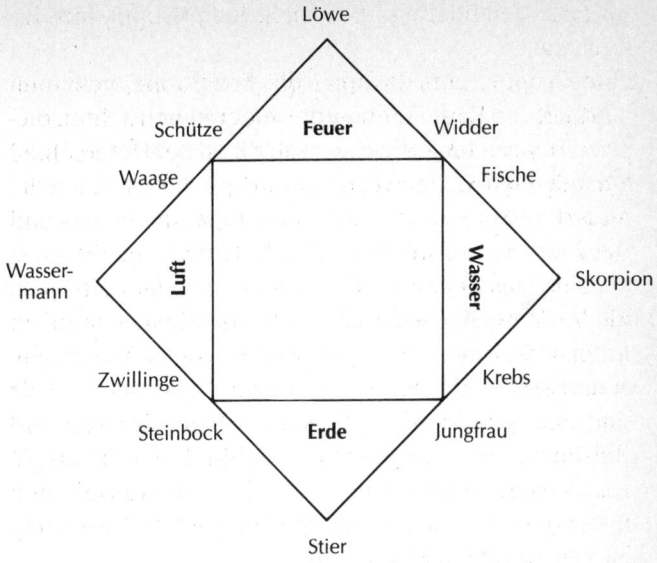

Löwe

Schütze **Feuer** Widder

Waage Fische

Wasser-mann **Luft** **Wasser** Skorpion

Zwillinge Krebs

Steinbock **Erde** Jungfrau

Stier

Auf einem Spaziergang traf ich kürzlich ein befreundetes Ehepaar. Mit dem Fahrrad kamen sie angefahren, offensichtlich voller Elan. Sie seien schwimmen gewesen, erzählten sie. Sie bräuchten das Schwimmen, und wenn es einmal während der Woche nicht dazu käme, dann würde ihnen etwas Wichtiges fehlen. »Im Wasser sind wir beide – als Fisch und Skorpion – im Element, das lädt uns wieder auf«, erklärte der Mann.

Als ich dann weiterwanderte, kam mir eine Nachbarin in den Sinn, von der ich weiß, daß sie bei inneren Spannungen oder Konflikten in den Garten geht, um dort zu arbeiten. Sie sagt, im Garten sei sie »im Element«, die Erde würde sie wieder regenerieren. Wenn sie mit Erde arbeiten würde, da käme sie innerlich wieder in Ordnung, das

Element Erde hätte für sie als Jungfrau heilende Wirkung auf ihre Seele.

Ich kenne eine Frau, die den Winter nicht mag und auch nicht gern in nördliche Länder reist (»dort ist es mir zu kalt«). Dagegen nimmt sie gern an Ritualen teil, bei denen ein Feuer angezündet wird.

Sie tanzt besonders gern den Feuertanz. Als sie ein Haus baute, war es für sie wichtig, daß darin ein offener Kamin eingebaut wurde (»damit man das Feuer sehen kann«). Als ich dann ihr Geburtsdatum erfuhr, wußte ich: »Aha, ein Widder – ein Feuerzeichen!«

Kürzlich begegnete mir ein Mann, der mir erzählte, daß er sich bei inneren Spannungen und Frustrationen dem Wind aussetzen müsse – am liebsten dem Sturmwind. Wenn kein Wind wehe, würde er Velo fahren oder rennen, um die Luft zu spüren. Manchmal setze er sich auch an die Orgel (der Mann ist Organist) und empfände die Luft, die bei seinem Orgelspiel durch die Pfeifen strömt, als wohltuend. Auf Reisen würde er immer eine Blockflöte mitnehmen. Ich fragte den Mann nach seinem Sternzeichen. Er sagte: »Ich bin ein Zwilling.« Da dachte ich: »Aha – ein Luftzeichen!«

Wer anfängt, sich mit den Elementen auseinanderzusetzen und Erfahrungen zu sammeln, der wird sicherlich nach anfänglicher Zuwendung zum eigenen Element auch mit den anderen Elementen Erfahrungen machen und schließlich bei allen Elementen im Element sein.

»Em wasser sich aavertroue
ligge
sich träge laa –

der erde sich aavertroue
sitze
verwurzle laa –

em füür sich aavertroue
uufrächt staa und gaa
bewege laa –

der luft sich aavertroue
schwebe
aachoo bi dir –«

Diese schweizerdeutsche Meditation von Josua Boesch
hilft uns, uns weiter einzulassen auf die Elemente:

»Dem Wasser sich anvertrauen
liegen
sich tragen lassen –

der Erde sich anvertrauen
sitzen
sich verwurzeln lassen –

dem Feuer sich anvertrauen
aufrecht stehen und gehen
sich bewegen lassen –

der Luft sich anvertrauen
schweben
ankommen bei dir –«

151

Die Elemente als Reinigung,
Heilung, Erneuerung

Als ich die letzten Sätze geschrieben hatte, war es Abend geworden. Ich legte den Stift hin, um am nächsten Morgen weiterzuschreiben. Innerhalb kürzester Zeit spürte ich jedoch in meinem Körper Veränderungen. Ich bekam Kopfweh und mußte mich wegen starker Übelkeit hinlegen. Unzählige Male kam während der kommenden Nacht das, was sich in meinem Magen befand, wieder hoch. Es war mir sterbenselend zumute.

So lag ich dann auch am nächsten Tag – erschöpft und müde darnieder. Ich konnte nichts anderes tun, als mich dem Zustand hinzugeben, in dem ich mich gerade befand. Mein Atem ging schnell, und jedes Einatmen schmerzte mich, von meiner Herzgegend aus breitete sich ein Feuer in meinem ganzen Körper aus. Das Wasser, das ich schluckweise trank, kam kurze Zeit später wieder hoch, ebenso das, was ich in den zwei Tagen zuvor an fester Nahrung zu mir genommen hatte. Mein Kopf, meine Glieder, mein ganzer Körper schmerzten mich.

Und so lag ich da und hörte meinem Ausatmen – »bsch«, »bsch« – zu.

»Kranksein ist Unbewußtsein – Gesundwerden ist Bewußtwerden«, ging es mir durch den Sinn. Es wurde mir bewußt, wie sehr unsere Verdauung mit unserem Gesundsein und wie die Elemente mit unserem Gesundsein verbunden sind.

Als dann am zweiten Tag meine Übelkeit verging, öffneten mir die Gefühle des Erlöstseins die Tür, mich wieder einmal den inneren Organen meines Körpers zuzuwenden: dem Verdauungstrakt, der die Früchte der Erde, die wir genießen, umwandelt, damit wir dadurch genährt werden. Ich wendete mich dem Darm, dem Magen, der Speiseröhre zu – dankbar und staunend. Dann stellte ich mir meine Nieren und meine Blase vor, die dafür sorgen, daß das Wasser, das ich aufnehme und das der Körper nicht mehr braucht, wieder ausgeschieden wird. Ich dankte diesen Organen und denen, die mithelfen, damit der Körper täglich entgiftet wird, der Gallenblase, der Leber, der Milz.

Ich wendete mich meinem Herzen zu, das schlägt und schlägt und dafür sorgt, daß der Kreislauf in Schwung bleibt und die Wärme des Körpers erhält. Und ich spürte die Wärme, die vom Sonnengeflecht ausgeht und in meinem Körper strahlt, ich atme durchs Sonnengeflechtschakra und spüre, wie ich größer und größer werde und leichter und leichter. Ich bin das Sonnengeflecht, es ist ganz hell um mich, und die Luft ist leicht und rein … Und dann schlief ich ein.

»Bsch«, »bsch«, »bsch« – ich erwachte durch meinen eigenen Atem und wendete mich dankbar der Lunge und der Luftröhre zu, ich

- atme durch die Nase ein und wieder durch die Nase aus, ein und aus. – Ich danke der Erde.
- Und dann atme ich durch die Nase ein und durch den Mund aus, ein und aus. – Ich danke dem Wasser.
- Und ich atme durch den Mund ein und durch die Nase aus, ein und aus. – Ich danke dem Feuer.
- Schließlich atme ich durch den Mund ein und wieder durch den Mund aus, ein und aus. – Ich danke der Luft.

Dank der durchgestandenen Übelkeit habe ich neu zum bewußteren, dankbareren und gemäßigteren Essen gefunden.

Auch die Lektion über die Elemente ist mir tiefer unter die Haut gegangen als das Lesen eines ganzen Buches. Unser Körper, der nicht nur von den Elementen abhängt, sondern auch aus ihnen besteht, muß sich mit den Polen »gesund und krank« auseinandersetzen. Er muß diese Polarität überwinden. Auch die Elemente haben Anteil an dieser Polarität.

Die *Erde* nährt und liebt ihre Kinder, sie wird aber im Erdrutsch und Erdbeben zur Bedrohung.

Das *Wasser* erfreut uns im Bad und beim Trinken, bei Wolkenbrüchen und Hochwasser überschwemmt es jedoch Felder und Wohngebiete.

Das *Feuer* wärmt und reinigt, wird aber bei einem Vulkanausbruch zum furchterregenden Spektakel und zu einer Bedrohung.

Die *Luft* kühlt und erfrischt, als Hurrikan fegt sie jedoch zerstörend über Land und Meer.

Alle Elemente haben reinigende, heilende und erneuernde Wirkung. So lüften oder waschen wir unsere Kleider, früher putzte man Töpfe und Fußböden mit Sand. Wasser und Luft verwenden wir, um unsere Wohnräume zu reinigen; und welch reinigende Wirkung hat ein Feuer nach einem »Großputz«, wenn all das Überflüssige verbrennt.

Erde, Wasser, Feuer und Luft helfen, unsere Körper und unsere Häuser zu reinigen. Sobald ein Mensch die Meditation in sein Leben eingegliedert hat, wird das Bedürfnis nach vermehrter Reinigung erwachen, auch die Einsicht in die Notwendigkeit, die Seele und den feinstofflichen Körper zu reinigen.

Heilquellen und -bäder haben seit alters eine magische Anziehung auf viele Menschen. Auch Heilerden aus verschiedensten Gegenden erleben eine Renaissance. Die heilende und vorbeugende Wirkung der Sauna mit ihrem glühenden Ofen und ihren heißen Steinen wird von immer mehr Menschen geschätzt, und wir kennen die erquickende und heilende Wirkung der frischen Luft, zum Beispiel bei einem Spaziergang in einem Luftkurort. Die Elemente reinigen und heilen, sie erneuern aber auch unsere Energien.

Die Elemente Erde, Wasser, Feuer, Luft neu ernst nehmen heißt, das alte Wissen beleben, daß wir mit der Erdenmutter und ihren Baustoffen verbunden sind. Wir bestehen aus derselben Erde, demselben Feuer und Wasser und aus derselben Luft.

Wer sich mit seinem Element auseinandersetzt, der kann erfahren, daß sich eine Beziehung anbahnt, die gar nicht beabsichtigt war. Wir erleben Überraschungen und beginnen zu staunen, wenn uns eine Ahnung überkommt, daß ein bestimmter Baum auf uns gewartet und uns schon lange Liebe entgegengebracht hat, oder wir entdecken ein Gefühl von tiefer Traurigkeit beim Anblick eines gefällten Kastanienbaumes oder einer gestorbenen Tanne.

Eine allein wohnende Lehrerin erzählte mir, daß sie vor Jahren, als sie einmal spät in der Nacht eine Kerze ausblies, plötzlich den Eindruck hatte, ein Wesen würde sich von ihr verabschieden. Sie nannte es eine Flammenseele. »Seither fühle ich mich nie mehr allein«, erzählte sie, und dieses Flammenwesen hätte ihr auch die Türe geöffnet zum Wissen, daß Steine, Pflanzen, Bäume, das Wasser, der Wind, sie alle beseelt seien. Ich bin dankbar, daß wir in einer Zeit leben, in der immer mehr Menschen ähnliche Erfahrungen machen – und oft unabhängig voneinander. »Seit langem habe ich einige Steine auf dem Fenstersims liegen. Letzte Woche spürte ich erstmals und ganz unmittelbar, daß diese Steine beseelt sind. Sie strömen etwas wie Liebe aus und geben mir ein Empfinden von Geborgenheit«, erzählte eine andere Frau.

Franz von Assisi mag ähnlich empfunden haben, als er seine Gefühle folgendermaßen ausdrückte:

Gelobt seist Du, Gott,
durch unsere Schwester, die Mutter Erde,
die gütig und stark uns trägt
und mancherlei Frucht uns bietet
mit farbigen Blumen und Matten.

Gelobt seist Du, Gott,
durch Schwester Quelle:
Wie ist sie nütze in ihrer Demut,
wie köstlich und rein!

Gelobt seist Du, Gott,
durch Bruder Feuer,
durch den Du zur Nacht uns leuchtest.
Schön und freundlich ist er am wohligen Herde,
mächtig als lodernder Brand.

Gelobt seist Du, Gott,
durch Bruder Wind
und Luft und Wolke und Wetter,
die sanft oder streng, nach Deinem Willen,
die Wesen leiten, die durch Dich sind.

Franz von Assisi

Die Kraft der Elemente

Es war an einem grauen Ferientag. Ich fuhr mit dem Auto westwärts und hatte vor, eine Höhle zu besuchen, in der seit einigen Jahrzehnten Heilerde gewonnen wird. Ich hatte von der Entdeckerin dieser Heilerde gelesen und hatte gehört, daß in der betreffenden Höhle starke Energien spürbar seien. So wollte ich mich an jenem Ferientag mit Erdenergie aufladen. Im Dorf angekommen, suchte ich vergebens nach einem Wegweiser zu der betreffenden Höhle, und so ging ich auf die Post, hoffte, den Ort dort zu erfahren. Doch der Postbeamte konnte mir keine Auskunft geben. Eine Frau, die sich im Schalterraum aufhielt, bot an, mir den Weg zu zeigen. Sie stieg in mein Auto, und unter ihrer Regie fuhr ich in ein kleines Tal, durch einen Wald und landete schließlich bei dem Haus, das zu der Höhle gehörte. Ich suchte den Eingang, schaute mich nach meiner Begleiterin um, ich wollte mich bedanken – aber sie war verschwunden.

Das kleine Museum, in dem auch Bilder von der Entdekkerin der Heilerde ausgestellt sind, war geschlossen. Nach langem Bitten gab mir schließlich eine Frau, die sich zufällig im Haus befand, den Schlüssel. Ich stieg den Berg hinauf. Das Waldstück, in dem die Höhle lag, war eingezäunt. Ich schloß das Tor auf und stieg den Weg hinauf, ich war froh, daß es noch nicht regnete, denn grau und tief hingen die Wolken, und ich fragte mich, was ich in diesem unheimlichen Wald zu suchen hatte! Ich sprach mir Mut zu und nahm mir vor, schnell einige Steine aus der Höhle zu holen und mit dieser sicht- und tragbaren Erdenergie so schnell wie möglich wieder hinunterzusteigen.

Doch da verzogen sich die Wolken. Blauer Himmel wurde

sichtbar, und auf einmal strahlte die Sonne durch die Äste der Bäume. Fast im gleichen Augenblick sah ich über mir die Höhle. Sie war viel größer, als ich sie mir vorgestellt hatte. Fast golden erschien mir die gelbe Erde, die nun von der Sonne bestrahlt wurde. Ich stieg die letzten Schritte hinauf und stand am Eingang zu dem hohen Erdraum. Ich verweilte einen Augenblick, um mich dann langsam der sonnendurchfluteten Höhle zu nähern. Da rollte ein kleines Häufchen auf mich zu und blieb vor meinen Füßen liegen. Ich hob es auf, es waren Flaumfedern eines Vogels.

Erdkraft wollte ich erfahren und in Form eines Steines mit nach Hause nehmen – sichtbar und spürbar.

Das Häufchen Daunen in meinen Händen, das sich bei jedem Atemzug leicht bewegte, erteilte mir eine zusätzliche wundersame Lektion über Energien! Kräfte von der Erde, vom Wasser, vom Feuer oder von der Luft können als gewaltige Felsbrocken uns stark schwingende Energien vermitteln. Aber auch ein zartes, kaum sichtbares Daunenhäufchen, das ein Vogel auf die Erde hat fallen lassen, kann uns Energie vermitteln, die uns zutiefst berührt, gerade weil sie so zart ist. Die Tonarten der Elemente sind vielfältig, sie können uns als gewaltiger Sturmwind oder als sanftes Säuseln entgegenkommen.

Sich auf die Energien der Elemente einzulassen heißt, in sich zu gehen und aus der eigenen Mitte ganz leise zu hören, zu spüren und zu sehen.

Eine Elementemeditation

Ein Plakat mit millionenjährigem Urgestein weist auf die Heilkräfte des Thermalbades hin. Als ich kürzlich an einem stürmischen Morgen dort ein Bad nahm, erlebte ich zum ersten Mal den neu errichteten Sprudelbereich des Heilbades. Der Rand eines Beckens ist so gebaut, daß etwa zehn Badende auf unter Wasser angelegten Liegebetten sich vom sprudelnden Wasser massieren lassen können. Ich legte mich auf eines dieser Sprudelbetten, schloß die Augen und gab mich dem Genuß des heilenden Wassers hin. Das Element Wasser wollte ich genießen, erlebte jedoch eine Erfahrung aller Elemente. Dieses Erleben war so tief, daß ich es jederzeit wieder hervorholen kann, um dieselbe wohltuende und regenerierende Kraft zu erfahren.

Wer Lust hat, kann sich in diese Meditation hineinnehmen lassen. Auch das ist eine Form von Meditation: entspannt auf dem Stuhl sitzen, das Buch so vor sich hinlegen, daß die Seiten leicht geblättert werden können. Mit der Zeit steigen die Bilder dieser Meditation ohne Buch vor den inneren Augen wieder auf.

»Ich liege auf der sprudelnden Unterlage und spüre, wie das warme, heilende Wasser meinen Körper so umflutet, daß ich vom sich bewegenden Wasser getragen werde. Ich schwebe im heilenden Wasser, nur ab und zu spüre ich die Unterlage, die mich tragen würde, wenn das Wasser zur Ruhe käme. Ich habe die Augen geschlossen und sehe vor mir das Plakat, das im Eingang des Bades hängt. Eine Tropfsteinhöhle aus dunkelbraunem, feucht glänzendem Urgestein läßt mich ahnen, daß das Wasser, in dem ich bade, im Schoße der Erde mit heilenden Mineralien aufgeladen wurde. Millionen Jahre alt soll dieses

Gestein sein; in der Vorstellung befinde ich mich in dieser Erdhöhle und lasse mich vom Element Erde durchdringen und aufladen. Ich atme den feuchten Erdgeruch ein und stelle mir vor, daß die heilende Energie durch alle Poren meiner Haut und durch meinen Körper fließt. Ich lasse mich aufladen von der Urenergie, von den Mineralien dieser Erdhöhle. Dankbar nehme ich die Erdenergie auf durch das Wasser, das mich umgibt, und durch die Vorstellung, daß ich mich tief in der Erde, in dieser uralten Höhle befinde.

Welch ein Genuß, an diesem stürmischen Morgen im warmen Freibad zu liegen! Wenn ich Arme und Beine aus dem warmen Wasser hebe, spüre ich das frische Naß des Regens. Ganz bewußt gebe ich mich dem Element Wasser hin. Das kühle Wasser des Regens, das vom Himmel kommt und mir aufs Gesicht tropft, und das warme Wasser, das tief aus der Erde an die Oberfläche drängt und mich umsprudelt. Dankbar nehme ich das Element Wasser in mich auf und stelle mir vor, daß es mich durchströmt, reinigt und mit neuer Kraft erfüllt. Noch immer halte ich die Augen geschlossen, bemerke aber durch das Wechseln des Lichtes, wie der Wind die Wolken am Himmel schiebt. Auch die Bäume im Park des Bades bewegen sich hin und her und die Luft, die durch die Äste bläst und singt und braust. Ganz bewußt gebe ich mich dem Element Luft hin, lasse Arme, Beine und Gesicht vom wehenden Wind massieren und nehme die Luft durch den Sauerstoff des sprudelnden Wassers in mich auf. Tief atme ich die Luft in meine Lungen ein, dankbar dafür, daß diese Luft so gut ist. Ich stelle mir vor, wie diese Luft mich reinigt, und durch den Atem verbinde ich mich mit der göttlichen Welt. Atem ist Leben; bewußt hole ich den Atem Gottes durch das Ein- und Ausatmen auf diese Erde.

Durch das tiefe Ein- und Ausatmen verbinde ich mein Ich, das da im sprudelnden Wasser liegt, mit dem wahren Selbst in mir.

Glücklich wird mir bewußt, daß es schon immer angeschlossen war an den göttlichen Geist. Doch in diesem Augenblick ist es mir ganz bewußt. Ich genieße das Liegen in dem von Luft durchperlten Wasser, das mich voll heilender Kräfte aus Erdentiefen umgibt. Durch die geschlossenen Augen nehme ich wahr, wie es hell wird, die Sonne kommt hinter den dahinfliegenden Wolken hervor. Das Feuer der Sonne wärmt mein Gesicht. Ich lasse mir meine Arme und Beine bescheinen. Als ich die Augen ein wenig öffne, sehe ich, wie sich das Sonnenlicht mit dem Wasser vermischt. Ich liege in einem silbriggoldenen Licht. Die Sonne über mir erinnert mich an das Feuer in der Erde, das das heilende Wasser, in dem ich liege, erhitzt. In Gedanken sehe ich loderndes Feuer vor mir, stelle mir vor, wie es wärmt, reinigt und umwandelt. Tief und dankbar atme ich das goldene Sonnenlicht ein und lasse mich von Wasser, Wind und Wärme durchdringen und verwöhnen.

Als ich die Augen öffne, sehe ich das grüne Kleid der Erde. Bäume, die sich im Wind wiegen, und Blumen, die blühen. Ich spüre meinen Körper, der aus Erde besteht, und nehme die Felsbrocken wahr, die im Gelände des Heilbades liegen.

Da kommt die in Weiß gekleidete Turnlehrerin und animiert die badenden Menschen zu Turnübungen. Ich verlasse die innere wunderbare Wirklichkeit, die tiefe Erdhöhle, das Wasser, die Luft und das Feuer, die Elemente, die ich in mir, in meinem Wesen wahrgenommen habe, und indem ich mich auf die Turnübungen einlasse, kehre ich wieder in die äußere Wirklichkeit zurück, nehme den

Körper wahr, strecke ihn, beuge meine Knie bis zum Kinn, rechts, dann links. Ich schüttle meine Beine unter Wasser und meine Hände in der Luft und bin wieder ganz im Hier und im Jetzt.

Ein Alpsegen

Mit den Elementen in Beziehung treten kann ich auch, indem ich die Elemente segne, so wie es die Menschen in den Bergen seit Jahrhunderten tun:

Gott, segne die Berge und die Täler,
segne die Wälder und die Tiere, segne die ganze Erde.
Gott, segne die Flüsse und Seen,
segne die Quellen und das Meer.
Gott, segne den Wind und das Wetter,
die Stürme und Lüfte.
Gott, segne das Feuer
und segne die Sonne.
Gott, unser Vater im Himmel, segne die Erde!
Amen.

Ohne Gott bin ich ein Fisch am Strand,
ohne Gott bin ich ein Tropfen in der Glut,
ohne Gott bin ich ein Gras im Sand
und ein Vogel, dessen Schwinge ruht.
Wenn mich Gott bei meinem Namen ruft, bin ich
Erde Wasser Feuer Luft.

Jochen Klepper

Die Kraft der Rituale

Ein Erdritual

Wir saßen um einen runden Tisch, der aus einem Baumstrunk geschnitten war, inmitten von über hundert Menschen, die zu einem Erdritual zusammengekommen waren. »Geister der Erde« hieß dieses Ritual, und Erdgeister waren auf dem Plakat abgebildet, das uns zu diesem nächtlichen »Spektakel« eingeladen hatte. Und da saßen wir an unserem Tisch – sieben befreundete Frauen – inmitten der vielen Menschen. Es gab ein köstliches Nachtessen im »Palais lumière«. Der Lichtpalast war ein aus Weidenpfeilern selbst gefertigtes Zelt, auf dessen durchsichtiges Plastikdach der Regen prasselte.
Nach einem zweistündigen Festessen machten wir uns auf den Weg in die Nacht hinaus – vorbei an einem pyramidenförmigen Grashügel und einem Rundzelt, aus dem oben ein Räuchlein zum Himmel stieg. Es hatte aufgehört zu regnen. Lichter beleuchteten den Pfad in den Wald hinein zu den Plätzen der Kraft. Plaudernd stiegen die Menschen den Weg hinunter – plötzlich verstummten sie. An einem dicken Seil hing eine Art Mühlstein und drehte über einer Erdmulde ruhig seine Runden. Der Platz war beleuchtet. Schweigend betrachteten die Frauen, Männer und Kinder das sich drehende Spiel von Schatten, Licht, Steinen und Bäumen. Ohne zu sprechen, verließen sie diesen »Platz der Stille« und schritten dann in den nassen, nächtlichen Wald, um sich um den Feuerplatz zu hocken. Wir entzündeten Strohhalme und ließen sie abbrennen. Und wieder ging es hinunter über mit Lichtern beleuch-

tete Felsen und Waldwege zum »Platz des Todes«. Ein schifförmiges Gebilde hing auf dem Kopf im dunklen Wald, darunter lagen beleuchtete Knochen. Ein eindringlicher Ort der Selbstbegegnung!

In der Höhle, einem natürlichen Wunderwerk, nahmen die über hundert Menschen unter dem überhängenden Felsen auf Strohballen Platz. Nach Mitternacht begann dann das eigentliche Spektakel: Erdgeister, Feuergeister und vogelähnliche Wesen tanzten und verschwanden wieder in die schwarze Nacht. Trommelmusik und Gesänge ertönten zu schattenhaftem Spuk.

Dann lockten Elfen mit aus Urzeiten stammenden Tönen und Lauten die vielen Menschen in den nächtlichen Wald. Wir folgten dem verführerischen mehrstimmigen Singen und stiegen noch weiter hinunter. Wir kamen zu Weihern, an denen Nixen wie riesige bunte Sommervögel tanzten. Schließlich gelangten wir von einer ganz anderen Seite her wieder in die Höhle, um dort Drachen und anderen Ungetümen zu begegnen. Brennende Feuerräder rollten durch den Wald, und männliche Ungeheuer sprangen über Abgründe. Zum Schluß trommelten, sangen und tanzten die »Geister der Erde«, und manche Zuschauer mischten sich ins archaische Treiben.

Es begann zu tagen. Oben auf dem Berg hatten »Geister der Küche« ein wunderbares Frühstück mit heißem Kaffee und im Tonerdebackofen frischgebackenem Brot bereitet. Sprachlos staunend saßen wir wieder an unserem Baumstrunktisch. Schließlich sagte eine Teilnehmerin: »Jetzt begreife ich, daß die Kirche jahrhundertelang diese Erdkräfte verboten hat: Man hatte Angst vor ihnen – das sind ja geballte Energien!«

Als wir unten in unsere Autos stiegen, blickte ich noch einmal hinauf zum erleuchteten »Palais lumière«. Dane-

Nicht du trägst die Wurzel,
sondern die Wurzel trägt dich.

Paulus von Tarsus

ben stand das Rundzelt, ein weißer Rauch stieg zum Himmel. Er blieb in meiner Seele hängen, so als wolle er mich an etwas erinnern. Dann fuhren wir in den Morgen. Als ich am folgenden Tag an dieses beeindruckende Ritual dachte, stellte ich mit Verwunderung fest, daß ich den fehlenden Schlaf kaum spürte, sondern daß ich von einer starken Energie erfüllt war.

Ein Erdritual ist eine wirkungskräftige Einstimmung in das Wurzelchakra. Es hat eine Langzeitwirkung und kann bei der Meditation des Wurzelchakras immer wieder in Erinnerung gerufen werden.

Wir feiern den Morgen und den Abend

Das Morgengebet

Zwei Frauen saßen beim Morgenmahl auf einem Balkon zusammen. Die eine, sie war Mutter dreier kleiner Kinder, hatte den Umzug in eine andere Wohnung vor sich. Die andere steckte in einer beruflich schwierigen Zeit. »Ich brauche etwas, das mir für die nächste Zeit Halt gibt«, begann Hanna das Gespräch. »Und mir ist, als müßte ich regelmäßig irgendwo Kraft schöpfen können, damit ich die Mühe des Umzugs durchhalte«, ergänzte Doris.
Aus einer Notsituation zweier Frauen heraus entstand das ökumenische Morgengebet, das seit fünfzehn Jahren wöchentlich stattfindet. Es ist zu einem »Brauch« geworden, weil zwei Menschen etwas »brauchten«, das ihnen Halt gab.
Ein Ritual ist eine Gewohnheit oder eine Sitte. Es kann zu

einem heiligen Brauch werden, wenn es lebendig bleibt, wenn es die Menschen, die vom Ritual Gebrauch machen, nährt an Leib und Seele und ihnen Halt gibt und die Richtung weist, die sie gehen können.

Das Ritual des Morgengebets wurde ganz aus dem Bedürfnis der beiden Frauen heraus gestaltet, es wurde jedoch von Anfang an auch von anderen Frauen besucht. Es findet in einer kleinen evangelischen Kirche statt, beginnt um Viertel vor sieben und dauert eine halbe Stunde. Erst im nachhinein merkten die Initiantinnen, daß Elemente der katholischen und der orthodoxen Kirche, der evangelischen und der freikirchlichen Tradition in das Ritual einflossen.

So entstand ein ökumenisches Morgengebet, ein Ritual, das zwei Frauen im Bemühen um die Bewältigung des Alltags mit seinen Überforderungen und zwischenmenschlichen Schwierigkeiten angefangen hatten.

Der Ablauf des Rituals, das seine Lebendigkeit seit nunmehr fünfzehn Jahren bewahrt hat, ist folgender:

Eine Frau spricht ein Wort zum Tag, darauf folgt eine Zeit der Stille, in der die Atmosphäre des schönen Raumes wahrgenommen werden kann: Es brennen Kerzen, auf dem Taufstein steht ein Blumenstrauß. Je nach Jahreszeit kann das Anbrechen des Tages beobachtet werden, wenn die ersten Sonnenstrahlen den Raum vergolden. Das Zwitschern der Vögel gehört genauso zum Morgengebet wie die vorbeifahrenden Autos. Nie habe ich den achteckigen Raum so geborgenheitspendend erlebt wie während dieser schweigenden zehn Minuten, in denen wir die weiblich-mütterliche Seite Gottes als Realität wahrnehmen.

Der Glockenschlag um sieben Uhr ist in den Ablauf integriert. Das Knattern des alten Uhrwerks erzeugt Schwingungen, die durch Mark und Bein gehen.

Die freien Beiträge – das können kurze Gebete, innere Bilder oder Gedanken sein –, die die Teilnehmer vortragen, werden von alten Gesängen aufgefangen und abgerundet. Das »Kyrie eleison, Christe eleison« oder das »Dank sei dir, o Gott« geben Halt und Rahmen. Der Wechselgesang »Weise mir Gott deinen Weg, daß ich wandle in deiner Wahrheit« macht bewußt, daß das Leben ein Weg ist. Die sich wiederholenden traditionellen Kirchengesänge senken sich tief in die Seele ein und wirken wohltuend und heilend.

Beim gemeinsam gesprochenen »Vaterunser« haben auch diejenigen, die sonst schweigen, Gelegenheit, laut zu sprechen. Zum Schluß wird ein Sonntagsschullied gesungen. Dieses »Segne uns, o Herr« erinnert an die Kindheit und hält den Kontakt zu unseren inneren Kindern lebendig, die unsere Zuwendung so nötig haben.

Der »Feierabend«

Auf unserer Einladung zum ersten »Feierabend« hieß es: »Wir möchten an diesen Abenden einfache Tänze tanzen – miteinander reden und stille sein – offen sein für Neues – einander Mut machen und Geborgenheit schenken!«

Folgender Feierabend, der unter dem Thema »Segnen und Heilen« stand, möge als Beispiel für diese Abende dienen.

In einem großen Raum formen wir auf der einen Seite mit Kissen und Stühlen eine arenaförmige Sitzgelegenheit. Auf der anderen Seite des Saales ist genügend Platz zum Tanzen. Zur Einstimmung und Einschwingung in den Abend beginnen wir zu tanzen, während etwa ein Dutzend Frauen anwesend ist. Die Neuankommenden reihen sich jeweils in den Kreis ein. Dann gestalten wir zusammen eine heilende Mitte. Jede Frau bringt Heilkräuter oder Steine mit. Es ist Tradition, daß eine Frau einen Kranz aus Heilkräutern in die Mitte des Raumes legt. Dieser Kranz schmückt dann ein ganzes Jahr lang den Praxisraum einer Körpertherapeutin und wird beim nächsten Johannisfeuer verbrannt.

Um diesen Heilkräuterkranz werden Steine, Duftöle, Blumen und Kräuter angeordnet, so daß ein großes gemeinsam gestaltetes Mandala entsteht. Auch Musikinstrumente, verschiedene Medikamente, Öle, Bachblütenessenzen und viele brennende Kerzen schmücken diese Mitte. »Es ist, als ob ein Stück Himmel auf Erden gefallen sei«, meint eine Teilnehmerin. Dann wird es still. Schweigend nehmen wir dieses Stück Himmel, das zugleich ganz Erde ist, in uns auf. Anschließend kommen wir miteinander ins Gespräch. Wir sprechen aus, was uns Segnen und Heilen bedeutet. Wir teilen einander unsere Fragen, Zweifel, Wünsche und Erwartungen mit.

In den Rhythmus einer Trommel fügt sich eine Flöte – andere Klänge und Singstimmen kommen dazu. Ein Klangteppich entsteht, der allmählich wieder leiser wird und schließlich verstummt.

Eine Theologin erzählt uns, was sie unter Segnen und Heilen versteht. Sie schüttet in einen Kelch aus Ton Mandelöl und gibt etwas Bergamotte, Jasmin und Olibanus dazu. Sie erklärte, daß Bergamotteöl heilende Wirkung habe, daß Jasmin ein Frauenöl sei und Olibanus als alter Weihrauch reinigend und desinfizierend wirke und außerdem die Gegenwart Gottes symbolisiere.

Sie stellt den Kelch mit der Ölmischung auf ein Tischchen vor sich und lädt diejenigen, die möchten, ein, zu ihr zu kommen, um sich segnen zu lassen.

Flöten und Klaviermusik erklingen, eine Reihe bildet sich, es wird getanzt.

Wer Lust hat, setzt sich zu der mütterlichen Frau. Mit ihrem duftenden Öl macht sie in die ihr gereichten Hände und auf die Stirn das Zeichen des Kreuzes und spricht die Worte des Segens.

Eine wunderbare Atmosphäre erfüllt den von Kerzen beleuchteten Raum. Musizierende und tanzende Menschen, manche sitzen um das lebendig flackernde Mandala, eine Frau nach der andern – vereinzelt auch ein Mann – geht zu der segnenden Weisen. Heilender Duft erfüllt den Raum.

Wir beenden den Abend mit einem unserer Lieblingstänze: »Bleibt, ihr Engel, bleibt bei mir.«

Nach einer Weile öffnen wir den Kreis. Und wieder nach einer Weile öffnet eine der Frauen auch die Türe des Raumes, und eine andere verabschiedet uns, indem sie folgenden irischen Segen liest:

> Möge deine Straße sich auftun vor dir,
> der Wind dir immer den Rücken stärken,
> die Sonne dir warm dein Gesicht bescheinen,
> der Regen sanft deine Felder erquicken, und,
> bis wir uns wiedersehen,
> halte Gott dich geborgen in seiner Hand.

Von Anfang an erlebten wir, daß diese Feierabende von tiefer Wirkung waren, die Themen prägten sich ein, lösten Veränderungen aus und hatten Auswirkungen auf den Alltag.

Religiöse Rituale zur Feier des Morgens und des Abends können eine Einstimmung in die Meditation des Halschakras sein. Wir stellen den vor uns oder hinter uns liegenden Tag in das Licht der ewigen Welt. Die irdische Wirklichkeit wird dadurch zum Gleichnis für die himmlische Wirklichkeit. Wir erkennen in irdischen Erscheinungen und Erfahrungen einen ewigen Sinn.

Die Echos auf Morgengebete und Feierabende ließen aufhorchen. Wir merkten, daß da Möglichkeiten, die es zu entdecken galt, verborgen waren. Wir hörten und sahen, wie sich diese feierlichen Rituale in drei Richtungen entfalteten:

1. Der Wunsch wurde geboren, den Ablauf des Jahres wieder bewußter zu erleben. Wir begannen, die Sonnenwenden und Tag- und Nachtgleichen zu begehen. Das Feiern in der Natur vertiefte die Eindrücke, und wir staunten aufs neue, wie ganz einfache rituelle Elemente kleine Wunder bewirkten.
2. Wir bemerkten, wie geeignet rituelle Feiern sind, um Übergänge des Lebens vorauszunehmen oder zu verarbeiten. Abschiednehmen, Trauern, Loslassen von Menschen oder Lebensphasen, Neuanfänge, Veränderungen – das alles sind Situationen in unserem Leben, die Krisen hervorrufen können. Rituale bieten in diesen Übergangssituationen Hilfe und Halt.
3. Therapeutische Elemente, die in den gefeierten Ritualen schlummerten, begannen sich uns zu offenbaren. Wenn einem Menschen zum Beispiel seine Mutterproblematik oder sein Vaterkomplex bewußt geworden ist und wenn er daran gelitten und gearbeitet hat, dann kann dieser Prozeß in einem Ritual bewußt abgeschlossen werden.

In einem Ritual kann ich – geschützt und geborgen in einer Gruppe – Trauer oder Wut bearbeiten. Etwas kann ausgeschrien oder ausgestampft werden, was sonst nicht möglich ist. Ich kann hineingehen und den gelösten Konflikt loslassen. Beides ist wichtig, denn auf dem Weg der Arbeit an sich selbst lauern zwei Gefahren: einmal die Verdrängung, zum anderen das Rühren im Schmerz. Im Ritual habe ich die Möglichkeit »hineinzuspringen«, dann aber wieder Abschied zu nehmen.

Ein Ritual kann durch die Vaterunser-Chakren-Meditation ergänzt werden. Dadurch werden Ereignisse des alltäglichen Lebens geweckt, die auf verschiedenen Ebenen auf Bearbeitung warten. Zum Beispiel beginnen sich unverarbeitete Lebenskonflikte bemerkbar zu machen – doch nur, um angegangen werden zu können.
Dieser Weg führt dazu, daß das Leben allmählich von der göttlichen Mitte, vom wahren Selbst her gesteuert wird. Da wächst Vertrauen und das Wissen, daß das, was innerlich aufbricht und äußerlich auf mich zukommt, gut ist. Es läßt die Bereitschaft wachsen, die Aufgaben, die das Leben mir stellt, mutig anzupacken.

> Gott, gebe mir
> die Gelassenheit, Dinge hinzunehmen, die ich nicht ändern kann;
> den Mut, Dinge zu ändern, die ich ändern kann;
> und die Weisheit, das eine vom anderen zu unterscheiden.
>
> Friedrich Oetinger

Ein Gang durchs Labyrinth

Wir waren müde nach diesem langen Wochenende, in dem wir über Sinn und Ziel unserer gemeinsamen Arbeit nachgedacht hatten. Viele ungelöste Fragen standen noch im Raum, aber wir hatten keine Kraft mehr, sie anzugehen. Da entschlossen wir uns zu einem Labyrinthritual. Nach dieser Anstrengung war es wohltuend, schweigend auf dem Fußboden ein Labyrinth mit Steinen zu legen. Und da sitzen wir nun, acht Männer und Frauen, um das Gebilde und schweigen. Wir alle sind müde, und manche Frage ist ungelöst.

So ärgert sich Martha über Maria. Sie hat versucht, die Meinungsverschiedenheiten, die zwischen ihnen bestehen, zu klären, doch sie hat den Eindruck, ihre Kollegin verstehe sie nicht. Es kommt ihr vor, als sei ihre Beziehung verfilzt und nicht mehr zu klären. Der Leiter der Gruppe liest aus dem 139. Psalm einige Verse:

> Ewiger Gott, du erforschest mich
> und kennest mich.
> Ich sitze oder stehe, du weißt es;
> du verstehst meine Gedanken von
> ferne.
> Ich gehe oder liege, du weißt es,
> mit all meinen Wegen bist du vertraut.

Dann begeht einer nach dem anderen den Weg durchs Labyrinth. Während Martha ins Innere schreitet, fühlt sie eine tiefe Resignation und Traurigkeit in sich. Auf dem Rückweg kreuzt ihr Weg den von Maria, ihre Blicke treffen sich für ein paar Sekunden. Martha geht weiter und spürt, wie sich in ihrer Seele etwas zu lösen beginnt, und sie fängt an, aus tiefstem Herzen zu weinen. Da kommt Maria auf Martha zu, und die beiden Frauen umarmen sich. »Da, in diesem Moment hat sich zwischen uns etwas gelöst, das mit Worten nicht lösbar war. Die Mißverständnisse konnten nicht bewußtgemacht werden, aber es war, als würde der Filz zwischen uns sich auflösen und entflechten«, so beschreibt es Martha.

Ein Labyrinth hatte die beiden Frauen nach innen geführt – dorthin, wo die Antwort auf alle Fragen und die Lösung aller Probleme liegt.

Einen Gang durch ein Labyrinth ganz anderer Art erlebte Barbara mitten in einer Großstadt.

Es ist ein wunderschöner Sommertag. Keine Wolke ist am blauen Himmel zu sehen. Barbara aber ist traurig. Sie fährt mit dem Schiff in Richtung Zürich. Sie hat den Eindruck, alle Menschen um sie seien fröhlich, der Himmel sei für die anderen blau, die Sonne schiene für die anderen. Eine tiefe Traurigkeit erfüllt sie. Sie ist wie gelähmt und nimmt die Schönheit nur durch einen grauen Schleier wahr. Zum zweiten Mal hat sie eine Schwangerschaft nicht austragen können und ein Kind verloren, auf das sie sich so sehr gefreut hatte.

Zürich ist in Sicht, sie wird zu Fuß zum Bahnhof gehen, um dann wieder nach Hause zu fahren. Sie geht durch die Straßen. Sie spürt den Schmerz in sich. Sie hat das Gefühl, den Boden unter den Füßen zu verlieren.

Plötzlich hat sie den Eindruck, sie würde von irgend »etwas« auf die rechte Seite gezogen. Sie folgt dem inneren Locken und denkt: »Ich kann ja auch auf einem Umweg zum Bahnhof gehen!« Barbara steigt ein paar Treppen hoch und steht plötzlich auf einem Platz vor einem in Weiß gemalten Labyrinth. Ihr fällt ein, daß sie mal gehört

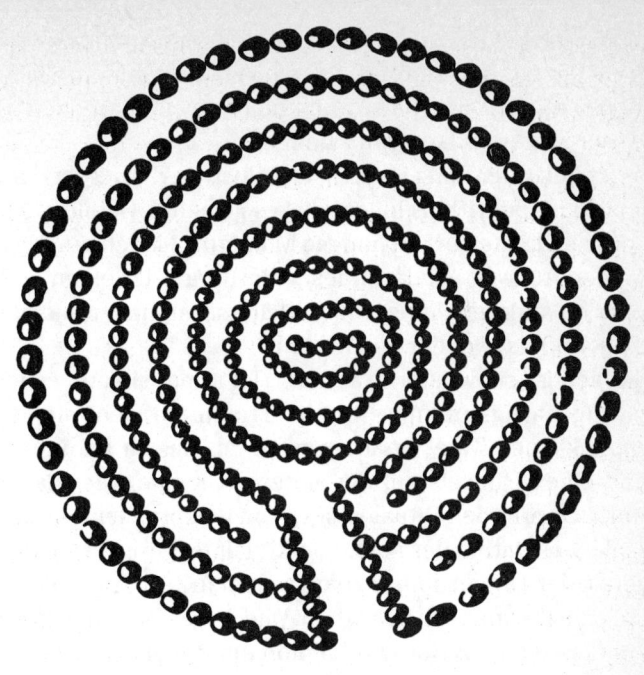

Steinlabyrinth
Steinsetzung aus Wiet

hat, daß es Städte gibt, in denen solche Labyrinthe von Frauen gestaltet würden. An diesem Tag kann sie sich nicht erinnern und hätte auch nicht gewußt, wo sich in dieser Stadt das Labyrinth befindet.

Es ist heiß, der Platz ist menschenleer, Barbara schreitet Schritt für Schritt ins Innere dieses gemalten Gebildes. Es kommen Leute vorbei, und ein Mann ruft: »Mach nur, daß du den Ausweg wiederfindest.« Barbara setzt einen Fuß vor den anderen. In der Mitte bleibt sie stehen, um dann die Rückreise wieder anzutreten.

Endlich ist sie wieder draußen. Tief atmet sie auf, es ist ihr eigenartig zumute – wie im Traum. Da sieht sie auf einer kleinen Tafel Erläuterungen zu diesem Labyrinth und einen Hinweis auf ein anderes »bepflanztes« Labyrinth. Dort finden Rituale statt, zum Beispiel Neumondrituale. Das Datum des nächsten Rituals ist vermerkt. Es ist genau der Tag, an dem Barbara wieder in Zürich sein wird, um eine Freundin zu besuchen. Und so geht sie zu diesem bepflanzten Labyrinth und nimmt am Ritual teil.

Es ist, als ob der Schmerz, der in Barbara sitzt, zu einem Tor würde, und Barbara geht durch dieses Tor. Sie hört – zusammen mit einigen Dutzend Menschen, von denen sie niemanden kennt – den Einführungen zu, die eine junge Frau zu diesem Neumondritual gibt. Sie stehen am Eingang zu diesem Gartenlabyrinth, das von Leuten aus dem Quartier angepflanzt, begossen und gepflegt wird. Kinder sprechen zum Teil spanisch, eine Italienerin erzählt immer und immer wieder, daß die Peperoni, die es nachher zum Festessen gäbe, aus dem »Giardino labirinto« seien. Ruhig erzählt die junge Frau, daß es für unser Leben wichtig sei, nicht nur den Vollmond, die Fülle des Lebens zu feiern, sondern auch den Neumond oder »Leermond« zu beachten. Da wird es ruhig, und alle – ob sie es verstehen oder nicht – hören der Frau zu, wie sie erklärt, daß auch das Leersein zum Leben gehöre. Dieses bewußte Akzeptieren des Leerseins, Dunkelseins oder Trauriseins bedinge den neuen Energieaufschwung zur Fülle. Barbara hört mit Leib und Seele zu, ist dann aber ein wenig enttäuscht, als die Leiterin des Rituals erklärt, daß bei Neumond wohl der Kreis des Mondes umschritten würde, aber nur zwei Menschen das Innere des Labyrinths begehen könnten. Wie sie dann um zwei Meldungen bittet, ist es still. Nach einer Weile blickt die Leiterin auf Barbara und sagt so bestimmt »Komm du!«, daß Barbara keinen Moment zweifelt und zum Eingang geht. Eine hochschwangere Frau folgt ihr.

Kräuter werden verbrannt, alle lassen sich vom duftenden Rauch einhüllen und reinigen, indem sie den Rauch einatmen und sich in ihm bewegen.

Schließlich werden Trommeln geschlagen, Frauen, Männer und Kinder begehen ruhigen Schrittes den großen äußeren Kreis dieses wunderbaren Gartens. Barbara und die schwangere Frau betreten das Labyrinth. Dumpf und gleichmäßig dröhnen die Trommeln in den ausklingenden Sommertag. Barbara zieht ihre Schuhe aus, um den Boden unter ihren Füßen besser spüren zu können. Sie geht und geht, Schritt für Schritt zwischen Bohnen, Tomaten, Sonnenblumen, Heilkräutern, altmodischen Sommerblumen hindurch, die sie seit ihrer Kindheit nie mehr gesehen hat …

»Diese Menschen trommeln für mich, obwohl niemand um meinen Schmerz weiß«, geht es Barbara durch den Kopf. Und da spürt sie eine tiefe, tiefe Trauer, den Schmerz in ihrem Bauch und die Angst, nie ein Kind bekommen zu können, und die noch größere Angst, abzusinken in eine graue Leere, in ein sinnloses Nichts, in

177

einen Zustand zu versinken, in dem sie nicht leben und nicht sterben kann. Sie spürt, wie ihr Tränen übers Gesicht fließen, hört die Trommeln und sieht wie durch einen Schleier: Salbei, Ringelblumen, Erdbeeren, junge Birkenbäume, von Kindern geformte kleine Weiher, Küchenkräuter. Und so geht sie Schritt für Schritt und nimmt den Erdboden unter den Füßen mit jedem Schritt differenzierter wahr.

Da fällt es Barbara wie Schuppen von den Augen, und sie sieht, daß diese Erde unter ihren Füßen, die all die wunderbaren Blumen und Früchte hervorbringt, ein lebendiger Organismus ist, und sie spürt, daß diese Erde fühlt und liebt und sie, Barbara, trägt. Zum ersten Mal in ihrem Leben durchströmt sie die Gewißheit, daß diese Erde unter ihren Füßen ihre Mutter ist. Und die Trommeln trommeln, und die Menschen am Rande des Gartens schreiten im Kreis – immerzu.

Schließlich ist Barbara in der Mitte des Labyrinths angekommen. Sie setzt sich in den Erdkreis, spürt die Erde an ihren Händen und Beinen, dann kniet sie nieder, und – was ihr noch nie im Leben in den Sinn gekommen ist – sie berührt mit ihrer Stirn den Erdboden. »Amen«, geht es ihr durch den Sinn, »Amen« – so ist es! Die Erde ist meine Mutter! Aber sie ist auch die Mutter meiner ungeborenen Kinder, die jetzt zu ihr zurückgekehrt sind. Auch ich werde dereinst zu ihr zurückkehren. Amen.

Dann tritt sie den Rückweg an. Sie geht wieder zurück – Rosen, Rittersporn und Sommerphlox blicken sie an. Dann begegnen ihr wieder die Küchenkräuter, die Sonnenblumen und die Salatköpfe, die sie beim Hineinschreiten wahrgenommen hatte. Barbara hat das Gefühl, als sähe sie diese Pflanzen und Blumen mit neuen Augen, als hätten auch diese Kräuter und Stauden teilgenommen an

178

ihrem Schmerz – ebenso wie die Erde – und mitgeholfen, daß sich in ihrem Innern etwas zu bewegen begann.

Es ist schon dunkel, als die Menschen sich um die weißen Tücher setzen, die auf dem Boden ausgebreitet sind und auf denen Früchte und Gemüse aus dem Gartenlabyrinth, dazu Brot und Wein angerichtet sind. Auch die Peperoni der Italienerin aus dem »Giardino labirinto« stehen zu einer köstlichen süditalienischen Speise verwandelt auf dem ausgelegten Tuch.

Der Gang durch das liebenswerte Pflanzenlabyrinth anläßlich des Neumondrituals hat in Barbara etwas verändert. Es ist ihr, als seien die Kinder, die sie verloren hat, nicht nur zur Mutter Erde ins Dunkle zurückgekehrt, sondern auch hinauf ins Licht des Himmels, und auch ihr Blick wird in diese Richtung gelenkt.

Während Barbara die Botschaft dieser »Lichtwesen« hört, spürt sie, daß sich tief in ihrer Seele Heilung vollzieht.

Ein Labyrinthritual hat – wie alle Rituale – eine Langzeitwirkung. Wir können es in Erinnerung rufen, wenn wir das Sonnengeflechtschakra meditieren, denn es geht im Labyrinthritual – genau wie im Sonnengeflechtschakra – um die Erfahrung, daß alle Um- und Irrwege Teil eines Ganzen sind und deshalb eine Funktion haben auf dem Weg zur Ganzheit.

Die Liebe weist dem Menschen seines Weges Ziel.
Die Vernunft gibt ihm die Mittel in die Hand,
es zu erreichen.

Chinesische Weisheit

Ein Trauerritual

Es war in der Klinik an einem Dienstagnachmittag. Ich begleitete eine Frau auf ihre Abteilung und ging, um mich mit neuer Energie aufzuladen, unter den alten Bäumen des wunderschönen Parks zurück.

Als ich den Musiktherapieraum wieder betrat, saßen fünf Männer und Frauen im Kreis, ein Stuhl war leer. Ich setzte mich auf meinen Platz. Nach einer Weile sagte eine Frau, sie könnten weder singen noch sonst etwas tun, denn Frau Ruh sei nicht mehr da; sie blickte auf den leeren Stuhl. Dann herrschte Schweigen und Sprachlosigkeit.

Nachdem ich erzählt hatte, daß es in anderen Kulturen verschiedene Möglichkeiten gäbe, mit Trauer, Wut und Angst umzugehen, und wir das wieder lernen müßten, wünschte ein Mann zu trommeln. Zaghaft und leise tat er es. Nach einer Weile stand er auf und trommelte mit zwei Schlägeln immer lauter auf die größte afrikanische Trommel, die wir hatten. Zwei Frauen rasselten und trommelten ein wenig mit. Der trommelnde Mann kam immer mehr in Fahrt, sein Gesicht hellte sich auf, und er begann zu seinem eigenen Rhythmus zu tanzen.

Eine der rasselnden Frauen legte ihre Rassel weg und sagte, sie habe Schuldgefühle, das schicke sich doch nicht, so zu lärmen, wenn jemand gestorben sei. Dieser Einwand löste eine weitere Blockade. Eine der Frauen, die bis jetzt leer vor sich hin gestarrt hatte, meinte, das Trommeln hätte ihr gutgetan. Das Gespräch kam allmählich in Gang, Wut wurde wahrgenommen, jemand äußerte das Verlangen, von einer Brücke ins Wasser zu springen. Angst wurde geäußert und der Wunsch, »Grosser Gott, wir loben dich« zu singen.

Nach diesem Lied machte der Trommler seiner Wut auf

die Kirche Luft, die hätte ihm das Leben verpfuscht. Nach längerem Gespräch sangen wir schließlich das Lied nochmals, und er trommelte seine Wut auf die Kirche dabei aus sich heraus. Im Singen, Trommeln und Rasseln der andern machte sich schon etwas mehr Energie bemerkbar.

Die Aussage einer Frau, es sei ihr unheimlich, sie spüre, daß der »Geist« von Frau Ruh da sei, löste folgendes aus: Wir öffneten die Fenster und klatschten in die Hände. Wer wollte, konnte Frau Ruh sagen, daß sie jetzt in die andere Welt gehen und nicht mehr zurückkommen sollte. Einige bliesen dazu, andere stießen »Gsch«-Laute aus – und schließlich mußten wir alle lachen.

Dann sprachen wir über Engel und stellten uns Engel vor, ihre Flügel, ihre Liebe, ihr Licht, und wir schickten diese Engel Frau Ruh nach.

Eine Frau wünschte das Lied »So nimm denn meine Hände und führe mich«. Wir sangen das ganze Lied, zwischen jeder Strophe improvisierten wir mit Klavier, Trommeln, Klang- und Rhythmusinstrumenten.

Nach einer Weile des Schweigens und der Stille war ein tiefer Seufzer zu hören, und ein Mann sagte: »Das hat mir gutgetan.«

Ein Trauerritual bedeutet – ebenso wie ein Labyrinthritual – eine Einstimmung in das Sonnengeflechtschakra. Eine bedrängende Situation wird aufgelöst und ins Ganze des Lebens integriert.

Eine Silberhochzeit

Am Freitag hätte Sibil ihre Silberhochzeit feiern können. Obwohl sie seit kurzem geschieden ist, wollte sie diesen Tag feierlich begehen. Noch einmal wollte sie ganz bewußt an diese gemeinsame Zeit denken und sie »abrunden«, wie sie es nannte.

Sibil hatte den Wunsch, am Hochzeitstag die fünfundzwanzig Jahre ihrer Ehe nochmals durchzugehen. Seit ihrer Trennung hatte sie intensive Trauerarbeit geleistet. Sie wollte Negatives nicht verdrängen, sondern nochmals ansehen, um es loszulassen. Auch an das Gute und Schöne während dieser Zeit wollte sie denken.

Erfüllt von diesem Wunsch und von der Vorstellung, wie dieses Ritual aussehen würde, lud sie einige Freundinnen ein, um mit ihnen diese rituelle Feier zu begehen.

Zusammen waren wir sieben Frauen. Wir stiegen auf einem schmalen Weg dem Bach entlang die Schlucht hinauf, bis wir an den Ort kamen, an welchem wir schon so manches Mal Rituale gefeiert hatten. Das Ende der Schlucht weitet sich zu einem halbrunden Platz, die überhängenden Felsen geben der Waldlichtung eine Atmosphäre von mütterlicher Geborgenheit. Der etwa vier Meter hohe Tropfstein, über den der Bach hinunterfällt, macht aus dem Ort etwas Besonderes, einen Kraftort!

Noch nie hatten wir hier Menschen getroffen. Auch an jenem Freitagnachmittag war es menschenleer und still, doch das grau verkohlte Holz auf der Feuerstelle war noch heiß, und ein kleines Räuchlein wies darauf hin, daß vor noch nicht allzu langer Zeit Leute hiergewesen waren. Wir setzten uns um die Feuerstelle und besprachen den Ablauf der Feier. Bald merkten wir, daß das, was die einzelnen Frauen einbringen wollten, sich mit Sibils Wünschen deckte. Wir machten uns ans Vorbereiten.

Jeder ging seines Weges, einige suchten Holz, andere richteten auf einer Steinplatte Geschenke und Kerzen, und Sibil legte Fotos ihrer zwei Kinder drauf.

Dann saßen wir um den aufgerichteten Holzhaufen. In einem großen Kreis waren Holzstücke – es waren fünfundzwanzig! zu einer Sonne ausgelegt. Sibil zündete das Feuer an, dann nahm sie das erste Holzstück, erzählte etwas über das erste Jahr ihrer Ehe und warf es ins Feuer. Zu jedem Holz erzählte sie etwas, die Freundinnen ergänzten die Erinnerung mit eigenen Gedanken und Erlebnissen.

Fünfundzwanzig Jahre von Leben und Erfahrungen zogen an uns vorüber, und ein Stück Holz nach dem anderen verwandelte sich im Feuer zu Licht.

Eine Freundin entzündete eine dicke Bienenwachskerze am Feuer und stellte sie vor Sibil mit dem Wunsch, daß ihre nächste Lebensetappe von Licht erfüllt sei. »Zur Zeit bist du alleinstehend«, sagte Ruth und legte einen Stein mit einem eingebohrten Loch neben das Licht, »doch du stehst so gut wie diese Sonne.« Sie steckte eine lachende Messingsonne auf einem hohen Stab in den Stein.

»Wir alle sind tief in unserer Seele verwundet«, sagte Lea und mischte Mandel- und Bergamotteöl, sie erinnerte nochmals an das Wort der Mystikerin Mechthild von Magdeburg: »Gott hat uns die Vollmacht gegeben, unsre Wege neu zu gehen. Wir heilen Krankes, lösen Fesseln. Ja, wir gehen unsere Wege neu!«

Diese Botschaft aus dem 13. Jahrhundert tauchte im vergangenen Jahr plötzlich auf. In verschiedenen Fassungen zirkulierte sie unter Frauen. Der Text wurde gesungen, getanzt und gelesen. Hier verwendeten ihn die Frauen als Einstieg in das einfache Heilritual. Jede Freundin schenkte einer anderen Heilöl, jede empfing von einer anderen Öl, und jede Frau ölte sich selbst die Hände, an die Verletzungen und Wunden denkend, die der Heilung bedurften.

Einige weinten, der Wasserfall plätscherte über den Tropfstein, und der Bach rauschte immer leiser werdend das Tal hinunter, Vögel zwitscherten. Auf einmal leuchtete ein Sonnenstrahl zu uns ins verträumte Tal.

Anna stellte sieben wunderschöne türkisblaue Champagnergläser in die Runde. Wir tranken auf Sibil und unser Frausein. Beschwingt stiegen wir zu guter Letzt noch ins Wasser, lachend ließen wir uns vom Wasserfall bespritzen und nahmen im kleinen Weiher am Fuße des Tropfsteins ein Bad. Glücklich wanderten wir wieder das Tal hinunter.

Am alten VW-Bus tauschten wir unsere Jeans und Wanderschuhe gegen festliche Kleider, fuhren in ein traditionelles Restaurant, wo wir in der gemütlichen Gartenwirtschaft den Sommerabend und das Leben feierten.

Rituale, bei denen wir Rückschau halten, können eine Hilfe sein bei der Einstimmung in die Meditation des Herzchakras.

Im Herzchakra werden wir nicht mehr auseinandergerissen durch das Polarisieren, wir kämpfen auch nicht mehr, sondern wir halten Rückschau auf das, was hinter uns liegt, was vergeben ist und was wir losgelassen haben.

Ein Ritual zur
Sommersonnenwende

Ann und Hannes sind seit sieben Jahren verheiratet. Nach einem heftigen Streit fühlte sich Ann zerschlagen und gedemütigt.

Am anderen Tag war sie allein. Sie ließ die Gedanken, was Hannes tun und einsehen sollte, los und wandte sich ihrem Gefühl zu, das sie in solchen Situationen befiel. Sie spürte, wie sich ihr Herz zusammenzog und wie ihre Lebensenergie davonfloß. Die körperliche Müdigkeit griff auch auf Seele und Gemüt über, graue Traurigkeit war in und um Ann. Ann hielt dieses Grau aus, blieb in dieser lähmenden Müdigkeit. Da war es ihr, als würde sich eine Tür in ihre Kindheit öffnen.

Sie sah sich als etwa siebenjähriges Mädchen unter der Wohnzimmertüre stehen. Der Vater hatte sie gerufen, er und ein Fürsorgebeamter sahen sie von Kopf bis Fuß an. Sie wußte, daß der Vater Fürsorgegeld in Anspruch nehmen mußte und fühlte sich deshalb schuldig. Da stand sie nun in ihren ausgetretenen Hausschuhen und in ihrer schmutzigen Schürze. Sie fühlte sich ungewaschen, armselig und unsäglich allein gelassen. »Tu doch nicht so verlegen«, sagte der Vater, und beide Männer lachten. Ann fühlte sich zutiefst gedemütigt, sie hätte weinen mögen, doch sie schluckte ihre Tränen hinunter, es war, als ob es ihr die Seele zusammengezogen hätte.

Ann wußte um dieses Erlebnis, doch sie hatte nie den Mut gehabt, es noch einmal durchzustehen. Da sie allein war, zündete sie eine Kerze an, tropfte heilende Öle ins Duftlämpchen, zog den Telefonstecker heraus und begab sich in den Schmerz: Sie stieg nochmals hinunter in ihre Kindheit, durchlebte diese für sie demütigende Situation, ließ den Tränen freien Lauf und weinte sich aus. Dann nahm sie dieses innere Kind in die Arme, tröstete es, liebte es und sagte ihm, daß es angenommen sei und eine wichtige Rolle in Anns Leben bekäme. Dann unternahm sie einen Waldspaziergang.

Am Abend erzählte sie einer Freundin das Erlebnis. Die stellte ihr eine Bachblütenmischung zusammen: »Star of Bethlehem«, zur Heilung von inneren Verletzungen.

Einige Wochen später feierten Frauen die Sommersonnenwende. Ann beschloß, ihr Erlebnis mit ihrem inneren gedemütigten Kind in dieses Ritual einzubringen. Außer ihrer Freundin wußte darum niemand.

Das Ritual, das im Freien stattfand, wurde folgendermaßen gefeiert:

Auf einem speziellen Platz, der seit einigen Jahren in Gebrauch ist, wurden Tänze getanzt, Kreistänze zu Gesängen, aber auch freie Tänze, zu denen mit Steinen und Trommeln, Lauten und Rufen Rhythmen geschlagen wurden.

Ganz bewußt nahm Ann in ihrer Vorstellung ihre kleine innere Schwester mit, schön sauber gekleidet tanzte sie mit. Ann spürte das Erwachen von Freude in sich, sie fühlte, wie etwas in ihr auflebte, sie begann, das Tanzen in bis jetzt nie gekannter Freiheit zu genießen.

Beim Tanz »Unsere Mutter auf Erden, unser Vater im Himmel« erlebte Ann die Berührung der Erde mit ihren Händen als Versöhnung mit ihrer leiblichen Mutter. Als Kraft strömte dieses Sichversöhnen durch sie: »Du, Erde, bist meine Mutter, und auch diesem inneren Kind will ich Mutter sein und es leben und sich freuen lassen.«

Dann zogen die Frauen schweigend zum Feuerplatz, und ohne zu sprechen entfachten einige von ihnen das Feuer, andere warfen getrocknete Kräuter in die Flammen, Salbei, Rosmarin und Borretsch.

Düfte verbreiteten sich, das Feuer prasselte, und langsam wurde es dunkel. Wiederum andere warfen einen brennbaren Gegenstand ins Feuer, als Zeichen, daß sie eine Lebensphase, ein Verhalten verabschieden wollten, oder nahmen einen beschriebenen Zettel hervor (einige berichteten vom darauf Geschriebenen), zerknitterten ihn und warfen ihn ins Feuer.

Ann hatte die Erfahrung mit dem Vater und dem Fürsorgebeamten aufgeschrieben, noch einmal spürte sie das Gefühl des Gedemütigtseins und der Verlassenheit, dann warf sie das Papier ins Feuer. Sie brauchte nichts zu sagen, die stille, doch intensive Gemeinschaft mit den Frauen tat ihr bis in die tiefste Seele wohl.

Sie fühlte das kleine Mädchen vor sich, freudig blickte es zu ihr auf. Ann hielt es fest.

Dann brachte eine Frau selbst angesetztes Johannisöl, rotgolden leuchtete es im Schein des Feuers. Sie begann ihre Erzählung über die Wirkung des Johannisöls mit folgendem Vers aus einem Kinderbuch:

> »Mein Kind, verbrennst du dir die
> Haut,
> tu Öl drauf vom Johanniskraut.«

»Mit diesem Öl wollen wir jetzt zeichenhaft auch innere, seelische Wunden und Verletzungen heilen«, meinte jene Frau und reichte das Fläschchen in den Kreis. Die Frauen massierten damit ihre Hände, manche nur sich selbst, andere salbten sich gegenseitig die Hände mit dem herb duftenden roten Öl.

Nach einem Tanz um das Feuer zu rhythmischen Rufen

und Schreien hatte, wen die Lust überkam, Gelegenheit, übers Feuer zu springen – wie jedes Jahr an der Sommer-sonnenwende.

Erika zögerte einen Moment, und Christa rief: »Halt den Hut und spring!« Da sprang Erika und rief zurück: »Ja, tatsächlich, ich spring!« (Später erzählte sie, daß sie in diesem Augenblick den Sprung in eine neue Lebensphase gewagt hatte.)

Auch Ann sprang. Bewußt ließ sie das noch einmal durch-littene Geschehen aus ihrer Kindheit hinter sich und sprang durchs Feuer. Und dann wurde ihr bewußt, daß sich etwas in ihr verwandelt hatte. »Du siehst strahlend aus«, flüsterte ihr die neben ihr stehende Frau zu. Und dann saß man ums Feuer, es gab Wein, selbstgebackenes Brot und Kuchen.

Kürzlich begegnete ich Ann. Sie meinte: »Wenn ich heute an diese Geschichte zurückdenke, wird mir klar, wie wich-tig die Begegnung mit dem traurigen Kind war. Es war wesentlich, daß ich in meine Gefühle hinabstieg, um dort diesem Kind zu begegnen, daß ich es erlöste und in Liebe annahm. Wichtig war auch, daß dieses Geschehen in einem Ritual gefestigt wurde, so daß die Heilung dieses inneren Kindes zu einer inneren Wirklichkeit wurde.«

Wenn ich an Ann denke, wird mir deutlich, daß das bewußte Ansehen eines äußeren Konfliktes (der Streit mit Hannes) und das Wahrnehmen der Gefühle der Demü-tigungen in Ann die Vermutung reifen ließen, daß hinter oder unter diesem Gefühl sich Unerlöstes verbirgt. Das, was sie in Hannes vermutete, spürt sie nun in sich. Was Hannes ihr spiegelte, sieht sie in sich, sie nimmt die Projektion zurück. (Das ist eine typische Situation bei der Meditation des Sonnengeflechts!) Sie sieht das innere Kind, spürt seine Demütigung, fühlt sie und hält sie aus.

Tanz um Weide

Im Gespräch und im Tagebuch hat Ann das Geschehen geklärt, Düfte und Bachblüten halfen und unterstützten den Heilungsprozeß. Sie hat ihre Traurigkeit hinausgeweint und das Kind angenommen. Jetzt liebt sie es, erlöst es und integriert es ins Leben und bereichert dadurch ihre Persönlichkeit um eine innere Figur.

Bewußtmachen von inneren Verletzungen ist wichtig, den Schmerz nochmals erleben ist notwendig. Aber dann muß losgelassen werden, damit das traurige innere Kind sich in ein lebensfrohes verwandeln kann.

Manchmal ist es gut, die Kraft eines Rituals nicht durch Weitererzählen zu verkleinern. Ein alter weiser Mann, dem ich manchmal begegne, sagt in solchen Situationen: »Machs Fläschli zu, sonst verriechts.«

Verdrängen kann krank machen, aber in alten Wunden rühren kann auch krank machen. Bewußtmachen, hindurchschreiten und loslassen wirken heilend.

Bei Ritualen, die sich wiederholen (zum Beispiel den Ablauf eines Tagesanfanges in gleicher Weise gestalten), sollte immer wieder erspürt werden, ob der Ritus noch lebendig und frisch ist. Er muß geändert werden, wenn er ausgeleiert und verbraucht ist. Alte Rituale können jedoch auch wiederbelebt werden! So erleben Menschen, die bewegt werden durch neue Rituale, plötzlich, daß alte Rituale (beispielsweise kirchliche Handlungen wie Taufe, Trauung und Beerdigung) für sie neue Bedeutung gewinnen.

Feier der Elemente

Wir steigen gemeinsam den Berg hinauf zu einer Waldlichtung, um dort ein Ritual zu feiern. Schon eine Woche zuvor hatten wir uns mit diesem Ritual befaßt. Wir haben Thema, Inhalt, Ablauf, Ort und Ziel des Rituals erarbeitet. Vierzehn Frauen hatten ihren Gaben entsprechend beim Suchen eines geeigneten Ortes mitgewirkt, beim Brotbacken, Kräutersammeln, Quellwasserholen, Ölzubereiten.

Und jetzt steigen wir miteinander den Berg hinauf. Unterwegs sammeln wir Steine und legen damit an Ort und Stelle einen großen Kreis. In der Mitte wird das Holz für das Feuer aufgeschichtet. Außerhalb des Steinkreises werden Wein, Brot, Kuchen, Früchte, Öl und Kräuter bereitgelegt.

Ablauf des Rituals

– Wir stimmen uns ins Thema ein und singen und tanzen außerhalb des Steinkreises die Indianerweise »Erde mein Körper, Wasser mein Blut, Luft mein Atem, Feuer mein Geist«.

– Dann betreten wir den Steinkreis. Eine Frau stellt Quellwasser, das sie aus einer alten Quelle geschöpft hat, und einen Becher in die Mitte.

– Mit folgendem Kanon verbinden wir uns mit der Erde und richten uns auf gen Himmel: »Unsere Mutter auf Erden, unser Vater im Himmel. Amen. Amen.« Wir singen den Kanon viele Male (verbunden mit der Gebärde des Niederkniens und Sich-wieder-Aufrichtens). Am Schluß summen wir, dann entspannen wir uns und genießen das Ausklingen des Tages und die Stille des Waldes.

Erde

– Erdimprovisation: In einem freien Tanz stampfen wir im Kreis. Den Rhythmus gestalten wir mit Steinen und Hölzern, die wir aufeinander schlagen, und mit Lauten und Rufen. Der Tanz steigert sich, wir werden lauter und wilder, um dann das Ganze allmählich wieder ausklingen zu lassen. Zuletzt stehen wir, bis unser Atem sich beruhigt hat.

– Erdmeditation: Behutsam wird das Händefassen vorbereitet. Wir halten die rechte Hand gen Himmel, nehmen das an Kraft, Heilung oder Lebensfreude auf, was wir brauchen, und geben es mit der linken Hand der Frau, die neben uns steht, weiter. Wir halten uns bei den Händen und entspannen uns von den Schultern her. Wir lassen los, was uns belastet und bedrückt, und atmen es aus. Wir schließen die Augen und stellen uns vor, daß sich aus unseren Fußsohlen Wurzeln in die Erde graben, und geben durch diese Wurzeln alles der Erde ab, was in unserem Leben verbraucht oder abgenützt ist. – Dann nehmen wir bewußt neue Kräfte von der Erde auf. Schweigend stehen wir, uns bei den Händen haltend. Es ist still, hie und da pfeift oder zwitschert ein Vogel. Schließlich öffnen wir die Augen wieder.

Wasser

– Wasserritual: Eine Frau erzählt von der alten Quelle, aus der sie das Wasser geschöpft hat, füllt den Becher und gibt ihn in den Kreis. Alle trinken – wir erleben das Wasser als Reinigung und als Erquickung.

– Wir singen und tanzen die Indianerweise »Die Flüsse, die fließen, ins Meer sich ergießen, die Flüsse, die fließen still in das Meer«.

Feuer

– Einige entfachen das Feuer. Weil es geregnet hat, dauert es lange, bis das Holz brennt. Wir andern stehen und lauschen, wir riechen und spüren den Rauch und nehmen mit Leib und Seele wahr, wie der Tag sich neigt und das Feuer erglüht. Schließlich lodern die Flammen gen Himmel. Wir übergeben dem Feuer Lebensetappen oder Verhaltensweisen, die wir loslassen oder abrunden wollen. Wer Lust hat, kann den anderen davon erzählen, manche werfen ein Papier, ein Stück Holz oder andere Symbole ins Feuer. Dann verbrennen wir getrocknete Kräuter und atmen die wunderbaren Düfte ein, schließlich stehen wir wieder still und geben uns der Ruhe hin.

Luft

– Das Element Luft erleben wir mit dem Anfangstanz »Erde mein Körper, Wasser mein Blut, Luft mein Atem«. Wir atmen bewußt und setzen uns der kühlen Waldluft aus. Dabei singen wir immer wieder »Luft mein Atem«. Schließlich mündet das Lied in freies Rufen, Singen, Jauchzen und Schreien und ebbt wieder ab in ein stilles Singen und Summen.

Nach diesem Feiern der Elemente erzählt eine Frau, wie sie das Öl aus Johanniskraut selber angesetzt hat. Dann verteilt sie Öl in die Hände ihrer Nachbarin. Bewußt empfangen wir vom heilenden Öl, bewußt geben wir heilendes Öl weiter und bewußt streichen wir uns selbst dieses heilende Öl in die Hände. Die Frau, die das Öl angesetzt hatte, gießt den Rest des Fläschchens auf die Erde und spricht folgendes Gebet:

> Unsere Mutter, die du bist auf Erden,
> geheiligt werde dein Name,
> dein Reich komme,
> dein Wille geschehe in uns wie in dir.
> Da du jeden Tag deine Engel sendest,
> so sende sie auch zu uns.
> Vergib uns unsere Sünden,
> wie wir alle Sünden gegen dich sühnen.
> Und führe uns nicht in die Krankheit,
> sondern erlöse uns von allem Übel,
> denn dein ist die Erde, der Körper und die Gesundheit.
> Amen.[23]

Mit festlichem Sitzen, Trinken und Essen um das verglimmende Feuer beschließen wir unser Ritual.

Welche Bedeutung hat nun ein solches Ritual?
Der Gesang und Tanz »Erde mein Körper« und das stampfende Gehen sind aggressionsabbauend.
Das rhythmische Klatschen erhöht die Lebensfreude, und der aktivierte Atem ist eine Zufuhr von Energie.
Der Kanon »Unsere Mutter auf Erden« wirkt durch das lange Singen harmonisierend. Das ausklingende Summen

hat beruhigende, die anschließende gemeinsame Stille in freier Natur wohltuende Wirkung auf Leib und Seele.

Das Singen und Tanzen »Die Flüsse, die fließen« nach dem Schweigen und Hören hat wieder eine andere, neue Qualität, und so wird auch das alltägliche Leben nach Schweigen und Hören verändert, neu.

Durch das Knistern und Prasseln des Feuers üben wir mit Sehen, Spüren und Riechen bewußtes Hören mit Leib und Seele.

Die Stimmimprovisation wirkt lösend. In der Geborgenheit der Gruppe werden Laute und Schreie gewagt, die sonst nicht möglich sind.

Das Sichniederlassen zur Erde und Sichausstrecken gen Himmel machen bewußt, daß zwischen Erde und Himmel unser Leben mit seinen Aufgaben und Freuden gelebt wird.

Die Erdimprovisation mit dem Einsatz von Steinen, Hölzern, Lauten und Rufen und dem Rhythmusschlagen mit rohen Steinen wirkt befreiend und lösend. Das Beobachten des eigenen Atems und die anschließende gemeinsame Stille sind Teil der Improvisation. Die Erdmeditation, bei der wir uns mit geschlossenen Augen auf eine geführte innere Bildreise mitnehmen lassen, kann eine tiefe Wirkung haben, ebenso die gemeinsame Stille und das anschließende Öffnen der Augen.

Damit ein Ritual wirksam ist, ist es wichtig, daß die Teilnehmerinnen und Teilnehmer an ihren Lebensproblemen arbeiten, daß sie sich bewußtmachen, was sie in ihrem Leben verändern wollen, welche Phase sie abschließen und welche Trauer sie loslassen wollen und was sie sich wünschen.

Folgende Ziele hatten wir beim Ritual »Feier der Elemente Erde, Wasser, Feuer, Luft« im Auge:

- Aggressionen und Wut, die im Alltag nicht ausgelebt werden können, sollen im Ritual ausgestampft, ausgeschrien und verbrannt werden können. Konkretes Bewußtmachen (eventuell aufschreiben) ist wichtig.
- Dem Bedürfnis nach einem seelischen »Frühjahrsputz« soll Raum gegeben werden. Im freien Tanzen, in der Erdmeditation, im Feuer kann Altes, Verbrauchtes und Müdes losgelassen und verbrannt werden. Die Erde nimmt alles auf und verwandelt es, ebenso das Feuer, das das Alte verbrennt und umwandelt.
- Die Sehnsucht nach neuer Lebensenergie soll erfüllt werden. (Aus Erfahrung wußten wir, wie stark Rituale aufladen können.) Die Elemente wirken reinigend, umwandelnd und erneuernd. Bewußt nehmen wir diese Qualitäten in Anspruch – bewußt und dankbar!
- Wer an sich arbeitet, stößt auf innere Wunden, auf seelische Schmerzen. Das Ölritual ist als Heilritual gedacht. Jeder heilt sich selbst da, wo er sich heilungsbedürftig fühlt.
- Mit dem Kanon »Unsere Mutter auf Erden, unser Vater im Himmel. Amen. Amen« wird die religiöse Dimension sichtbar, hörbar und spürbar gemacht. (Vorhanden ist sie ohnehin!) Im Niederknien und im Sichausstrecken gen Himmel können Dankbarkeit und Demut ausgedrückt werden.

Folgende Echos zeigen, daß in Ritualen konkret etwas geschieht:

- »Mir ist, als hätte das Ölen alte Verkrustungen aufgeweicht. Allmählich kann ich meine Schmerzen zulassen.«
- »Ich mußte am nächsten Tag zurück zur Waldlichtung,

196

der Platz rief mich. Und siehe da, er war verändert. Es war, als hätte er uns beschenkt, aber er wurde auch durch uns beschenkt. Meine Beziehung zur Natur hat sich durch dieses Ritual vertieft, ich höre die Vögel anders, sehe die Bäume neu.«

– »Ich ging nach dem Ritual anders zur Arbeit. Meine Abwehr gegen die Arbeitsstelle hat sich gegeben.« (Nachträglich wurde ihr auch bewußt, wo die Blockade gelegen hatte.)

– »Beim Hinausschreien in den Wald spürte ich plötzlich den Mut, die Verantwortung für mein Leben zu übernehmen.«

– »Wenn ich im Kreis mit anderen Frauen stehe, Hand in Hand, da heilen meine Wunden, die mir meine Mutter zugefügt hat. Ich bekomme Mut, mir selbst Mutter zu sein.«

– »Beim Ausstrecken der rechten Hand gen Himmel empfange ich spürbar Kraft für den Alltag.«

In einem rituellen Akt kann im Schutz der Gruppe sich etwas ereignen und verändern, was dann anschließend Auswirkungen auf andere Bereiche des Lebens hat. Ein Ritual wirkt, weil es ein ganzheitliches Erleben ist, weil es Leib, Seele und Geist und alle Sinne anspricht.

Verbunden mit der Vaterunser-Chakren-Meditation kann es Blockierungen, die während der Meditation auftreten, bewußtmachen und mit zu einer Bewältigung beitragen.

»Ich kann nicht sitzen,
denn meine Seele tanzt.«

Symboltänze

Die meditativen Tänze, die zur Unterstützung der Vater-unser-Chakren-Meditation getanzt werden, haben ihre Wurzeln im sakralen Tanz und im Volkstanz. Es sind in der Regel einfache Kreistänze, bei denen Tanzwege und -schritte, Gebärden und Musik eine ganz bestimmte Bedeutung haben. Es ist gut, sich diese Bedeutungen bewußt zu machen – denn Bewußtheit wirkt heilend! Das Wissen kann aber immer auch wieder losgelassen werden. Beides ist möglich: bewußt die Gebärden und Tanzschritte zu vollziehen oder bei einer anderen Gelegenheit sich unbekümmert dem Tanz hinzugeben.

Die Tänze können in der Gruppe, zum Teil aber auch allein getanzt werden und sind als Einstimmung in die betreffenden Chakren oder Vaterunserbitten gedacht.

Wer sich mit der Vaterunser-Chakren-Meditation einläßt, der begibt sich auf einen Weg. Jeder neue Weg beginnt mit einem ersten Schritt. Dieses Sich-auf-den-Weg-machen üben wir im ersten Tanz.

Das Wagnis des Aufbruchs

Anleitung zum Tanz

- Wir bilden einen Kreis um eine schön gestaltete Mitte, zum Beispiel aus Blumen, Kerzen und Steinen (Mandalagestalt).
- Die rechte Hand halten wir mit der Innenfläche nach oben und stellen uns vor, daß wir himmlische Kräfte empfangen, die wir durch uns strömen lassen.
- Diese Energie geben wir mit der linken Hand unserem Nachbarn zur Linken weiter – mit nach unten gekehrter Handfläche. Von den Schultern her entspannen wir uns, lassen alles Schwere los, indem wir im geschlossenen Kreis einander an den Händen halten.
- Nun drehen wir uns leicht nach rechts und gehen in Tanzrichtung vier Schritte, rechts beginnend:

1	u.	2	u.	3.	u.	4.	u.
R	L-tip	L	R-tip	R	L-tip	L	R-tip

- Indem wir uns zur Mitte wenden, strecken wir unsere Hände mit den Handflächen nach oben und gehen zurück und wieder zur Mitte:

1	u.	2.	u.
R-rück	L-ran	L-vor	R-ran

- Nun wiegen wir uns nach rechts und nach links:

1	u.	2	u.
R-seit	L-ran	L-seit	R-ran

- Der Tanz beginnt von vorne, indem wir uns in Tanzrichtung wenden. Wir fassen mit der rechten Hand die linke des vor uns schreitenden Tanzpartners, während wir unsere Linke dem hinter uns schreitenden Partner reichen, damit er sie ergreift. Dabei halten wir wieder die rechte Handfläche nach oben, die linke nach unten.[24]

Symbolische Bedeutung

- Wir empfangen mit der ausgestreckten Rechten Kraft für den Aufbruch und wagen die ersten Schritte.
- Wir haben das Ziel vor Augen (die Mandalamitte als Symbol der Ganzheit) und werden davon angezogen.
- Dann erschrecken wir vor unserem eigenen Mut und wollen lieber wieder zurück (Gefahr der Regression: Das Bisherige, Altvertraute will uns zurückziehen. Wir machen einen Schritt zurück).
- Die gemeinsame Mitte zieht uns jedoch wieder an und motiviert uns zum Weiterschreiten.
- Und so schreiten wir weiter im Vertrauen, daß der »Helfer« unsere linke Hand (unsere »schwache« Seite) ergreift.

Vorschau auf den ganzen Weg

Unsere Mutter auf Erden,
unser Vater im Himmel
(Kanon zu 3 Stimmen)

Anleitung zum Tanz

Wir bilden drei konzentrische Kreise.

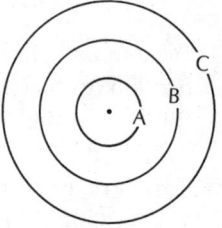

Beim »Unsere Mutter auf Erden«
beugen wir uns zur Erde und berühren sie dankbar und segnend.

Beim »Unser Vater im Himmel«
strecken wir uns auf gen Himmel.

Beim »Amen. Amen« bilden wir mit
Händen und Armen einen Kreis gen
Himmel gerichtet, dann zur Erde.

Dann singen wir das Lied im Kanon. Der Innenkreis A
beginnt summend, B setzt ein, und C folgt.
Das Lied wird gesummt, dann dreimal gesungen und zum
Abschluß nochmals gesummt. Dann werden Hände und
Arme entspannt. Wir nehmen bewußt die Stille wahr und
erleben sie.[25]

202

In diesem Tanz nehmen wir den Weg von der Erde zum Himmel – den wir in der Vaterunser-Chakren-Meditation beschreiten – vorweg. Indem wir uns zur Erde beugen und sie mit unseren Händen berühren, pflegen wir unsere Beziehung zu unserer Mutter Erde, wir drücken unsere Abhängigkeit und Dankbarkeit aus. Dann nehmen wir unsere Verantwortung wahr, indem wir uns aufrichten und uns zum Himmel emporstrecken. In der Wiederholung senkt sich diese Bewegung von der Erde zum Himmel tief in uns ein, wir üben ein, daß wir mit unserem Leben die Erde mit dem Himmel verbinden und den Himmel auf die Erde holen wollen.

In diesem Wissen beschreiten wir ganz bewußt den Weg durch die Chakren, die, verbunden mit Elementen und Vaterunseraffirmationen, zum Lebensweg werden.

Tänze zu den einzelnen Chakren

Wurzelchakra

Wir stimmen uns ins Wurzelchakra ein. Es ist mit dem Element Erde verbunden. Es sind vor allem die Indianer, die uns wieder bewußtgemacht haben, daß die Erde unsere Mutter ist. Sie trägt und nährt uns. Tanzend danken wir ihr für ihre Liebe, und tanzend realisieren wir bei jedem Schritt, daß wir in diesem Augenblick leben.
Das »Amen« bekräftigt und segnet unser Leben auf dieser Erde.

Lebenswege auf dieser Erde

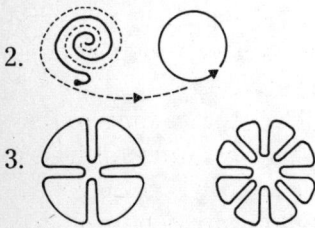

Anleitung zum Tanz

Die Tanzleiterin geht die Tanzwege voraus, die Tanzenden reihen sich ein und bilden eine Kette.[26]

Begegnung mit der Kundalinienergie: Beim tanzenden Wiederholen des Mäanders wird uns die Parallele der Lebenslinie und der Schlangenlinie (der »Kundalini«) bewußt. Im rhythmischen Hin und Her entsteht ein Energiefluß, der uns immer wieder neu auflädt. Tag und Nacht, Glück und Leid, Frühling und Herbst, Jugend und Alter gehören zum Leben. Tanzend wird uns der Sinn dieses rhythmischen Flusses bewußt, und in der Wiederholung üben wir uns ein in eine tiefe Bejahung dieser Naturgegebenheit. Auch die Flüsse auf unserer Erde fließen in diesen Läufen, und die geschichtlichen und politischen Strömungen folgen dem Symbol der Lebenslinie.

Begegnung mit der Erde: Im Tanz in die Spirale werden wir erinnert an den Gang ins Innere der Erde, in die Höhle, die Geborgenheit spendet, aber auch einengt und »Angst« (Enge) macht. Dann, wenn der Gang in die Schnecke so eng ist, daß der Weg nicht mehr weitergeht, ist nur noch die Umkehr möglich. Nach der Dunkelheit in der Erde kehren wir wieder zurück auf die Erde, der Sonne und dem Licht entgegen.

Die Sonne animiert uns, sie als Kreis zu tanzen. Der Kreis wirkt nach der engen Höhlenerfahrung ordnend und harmonisierend. Im Kreis auf der Erde zu gehen schenkt trotz der Weite ein Gefühl von Geborgenheit, von »Nicht-allein-sein«. Wir gehören mit zu den tanzenden Menschen.

Begegnung mit der Ganzheit: Mandalas haben heilende Wirkung, ob wir sie malen, meditieren, gestalten oder tanzen. Heilwerden ist Ganzwerden. Im Symbol des Mandalas, das uns in der Blume entgegenlacht, entdekken wir die Aufforderung, auch in unserem Leben in diese Ganzheit hineinzuwachsen. Tanzend integrieren wir Licht und Schatten, Schmerz und Glück, Trauer und Freude. Indem wir die Pole des Lebens hereinholen und begehen, geschieht Verwandlung. Indem wir die Mitte immer wieder umwandeln und das Zeichen der Ganzheit erwandern, werden auch wir selbst umgewandelt.

Ein weiterer Tanz zum Wurzelchakra und dem damit verbundenen Erdelement:

Jeder Teil dieser Erde
(Kanon zu 4 Stimmen)

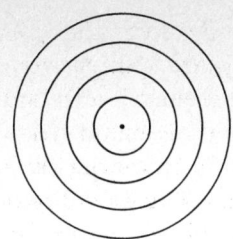

Anleitung zum Tanz

Wir bilden eins, zwei, drei oder vier Kreise. Das Lied kann einstimmig oder im Kanon gesungen werden. Wir gehen in Tanzrichtung mit folgenden Gebärden:

Zu »Jeder Teil dieser Erde«: Mit der rechten Hand und dem rechten Arm machen wir einen großen Bogen, dann mit der linken Hand und dem linken Arm.

Zu »ist meinem Volk heilig«: Mit beiden Armen machen wir eine große kreisförmige Bewegung.

Zu »Jeder Teil dieser Erde«: wie oben.

Zu »ist meinem Gott heilig«: Wir drehen uns um uns selbst.[27]

Erfahrung im Tanz

Im ursprünglichen Text des Häuptlings Seattle heißt es, daß jeder Teil dieser Erde seinem Volk heilig sei. Auf einem Weltgebetstag haben wir im zweiten Teil das Wort »Volk« durch »Gott« ersetzt. Wir tanzten beide Fassungen und erlebten körperlich, wie sich unser Gefühl gegenüber der Erde veränderte, je nachdem, ob wir »Gott« oder »Volk« tanzten. Aus dieser Erfahrung heraus singen und tanzen wir, daß jeder Teil dieser Erde sowohl Gott als auch unserem Volk heilig ist. Es geht darum, Verantwortung zu übernehmen – als Gottes Mitarbeiter.

Der Kanon kann auch frei gesungen und getanzt werden. Wer Lust hat, beginnt mit Gesang und Tanz, die anderen setzen ein, indem sie die Gebärden zum Text ausführen, bestimmen aber die Tanzwege selbst.

Polaritätschakra

Wir leben in einer gespaltenen Welt. Wir unterscheiden zwischen gut und böse, wir werten, verurteilen und richten.

Der Chakren-»Aufstieg« ins Polaritätschakra ist psychologisch gesehen der Abstieg ins Wasser des Unbewußten. In der Auseinandersetzung mit dem »Bösen« erwacht die Sehnsucht nach Erlösung aus dieser Gespaltenheit.

Begegnung mit dem Wasser

Anleitung zum Tanz

Zur »Wassermusik« von Händel tanzen wir frei im Raum. Wir sind Wasser, fließendes, ruhig stehendes, tosendes Wasser. Wir sind lebendiges Wasser. Wir steigen hinein ins Wasser, wir tauchen hinunter ins Wasser.

Erfahrung im Tanz

Wir erleben die verschiedensten Qualitäten des Wassers. Es belebt und reinigt. Es ergötzt, doch es kann auch lebensbedrohend sein. Es beruhigt, oder es lädt mit neuer

Kraft auf. In die Tiefe des Wassers zu steigen bedeutet Konfrontation mit unserem Unbewußten. Die Auseinandersetzung mit dem Element Wasser ermutigt uns, auch den dunklen Seiten dieses Elementes zu begegnen.

Sonnengeflechtschakra

Sich dem Leben öffnen und sich auf das Leben einlassen heißt, immer wieder ja sagen zur Veränderung. Wir stehen in der Versuchung, an der Einseitigkeit festzuhalten, statt die rechte Mitte zu suchen. Oder wir halten uns fest an Altem, Liebgewordenem, aber Überholtem, statt es loszulassen, in den Tod zu geben, damit Neues entsteht. Dem Sonnengeflechtschakra ist das Element Feuer zugeordnet. In der Auseinandersetzung mit dem Feuer erfahren wir die Kraft der Umwandlung, die dieses Element kennzeichnet.

Das Feuer der Erde, das Feuer des Himmels

Anleitung zum Tanz

Zu südamerikanischer Musik tanzen wir im Kreis. Wir stampfen mit den Füßen den Rhythmus, dann klatschen wir ihn mit den Händen gen Himmel gerichtet.
In einem zweiten Teil gehen wir als »Flammen« in Tanzrichtung mit folgendem Schritt: rechts seitwärts, links kreuzen wir vor dem rechten Fuß, dann wieder rechts seitwärts. Mit Armen und Händen bilden wir das Züngeln der Flammen. Der erste und der zweite Teil wechseln sich ab.[28]

Erfahrung im Tanz

Im rhythmischen Stampfen wird die Kraft des Feuers erfahren, das Klatschen gen Himmel erinnert daran, daß auch der Geist Gottes als Feuer bezeichnet wird. Dieser Tanz hat eine starke Wirkung, er kann auch als Bitte um das Feuer des Geistes und um das Licht Gottes verstanden werden. Wer erfüllt ist vom Licht Gottes, wird selbst zum Licht:

Mache dich auf und werde Licht
(Kanon zu 4 Stimmen)

1. Ma - che dich auf und wer - de Licht,

2. ma - che dich auf und wer - de Licht

3. ma - che dich auf und wer - de Licht

4. denn dein Licht kommt

Wir bilden einen Kreis und zählen bis vier. Die Einer beginnen, die Zweier setzen ein, dann die Dreier und die Vierer.

Zur ersten Linie des Kanons die Arme leicht ausstrecken und mit vier kleinen, wiegenden Tanzschritten zur Mitte schreiten.

Zur zweiten Linie die Arme zum Himmel strecken, dazu wieder mit vier kleinen, wiegenden Tanzschritten zur Mitte schreiten.

Zur dritten Linie mit erhobenen Armen eine Drehung um sich selbst machen.

Zur vierten Linie mit vier großen Schritten zurück und die Arme in Anbetungshaltung über der Brust kreuzen.[29]

Jeden Tag müssen wir uns neu aufmachen, um das Leben zu gestalten und zu bewältigen. Tanzend kann diese Lebensaufgabe eingeübt werden. Tanzend können wir immer wieder erleben, daß sich im Sichaufmachen auch die Energie in uns aufmacht. Und wenn ein Mensch sich aufmacht, macht sich auch ein Engel auf.

Die sich drehende Bewegung beschwingt und beflügelt und läßt uns erleben, daß einfache in sich stimmende Aussagen, gesungen und getanzt, Quellen der Kraft bergen. In der Wiederholung nähern wir uns jedesmal dieser Kraftquelle, um Kraft zu schöpfen. In der Wiederholung erfahren wir Mut und Zuversicht. Die anfängliche Angst wird überwunden und bleibt schließlich zurück.

Mache dich auf, werde Licht, denn dein Licht kommt!

Herzchakra

Wer hinuntergestiegen ist ins Wasser des Unbewußten und im Feuer des Sonnengeflechtschakras erkannt hat, daß das, was er außen verurteilt, sich auch in seinem eigenen Innern befindet, der wird mit einem tiefen Seufzer der Erleichterung Gott bitten: »Vergib uns unsere Schuld, wie auch wir vergeben unsern Schuldigern.«

Im Wasser und im Feuer reift die Erkenntnis, daß ich selbst meinen inneren Schuldigern vergeben kann. Sich selbst vergeben, weil Gott mir vergeben hat, das läßt tanzen vor Freude. Das Element Luft, das zum Herzchakra gehört, lädt uns ein zu einem Tanz.

Ein Lufttanz

Anleitung zum Tanz

Zur Musik des Engadiner Ländlers »St. Moritz bei Nacht«[30] schwingen wir uns ein ins Luftelement. Wir tanzen frei, so wie es uns ums Herz ist. Farbige Tücher, die wir zur Bewegung schwingen, helfen uns. Jeder Tänzer bestimmt selbst, ob er die Luft als Sturmwind, als eisigen Nordwind, als laues Sommerlüftchen oder als ein leises Säuseln empfinden und ausdrücken will.

Erfahrung im Tanz

Durch dieses freie Darstellen der Luft, des Windes, der auch Symbol für den Heiligen Geist ist, können wir Antennen ausfahren, um zu spüren, »wo der Wind weht«. Tanzend ahnen immer mehr Menschen, daß in der heutigen Zeit Aufwind herrscht! Der Aufwind will genutzt werden – laßt uns tanzen!

Das Herzchakra ist mit der Vaterunserbitte »Vergib uns unsere Schuld« verbunden. Wir bitten mit den Worten einer alten Weise der Ostkirche darum, daß unsere Zielverfehlungen sinnvoll in das Ganze unseres Lebens eingeordnet werden.

Kyrie eleison

Dieses Kyrie eleison eignet sich als Echo für gesprochene Gebete. Nach jedem Gebetsteil kann dieses Kyrie von Gebärden begleitet gesungen werden.

Anleitung zu den Gebärden

 Wir erheben langsam unsere Hände.

 Unsere Bitte um Erbarmen verstärkt sich.

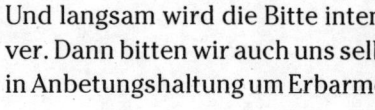 Und langsam wird die Bitte intensiver. Dann bitten wir auch uns selbst in Anbetungshaltung um Erbarmen.

Auf unserer Wanderung durch die Chakren hat sich die Erfahrung mit dem Element Erde tief in uns eingegraben. Der Boden ist bereitet, um weiterzuschreiten. Die Bitte im Vaterunser »Unser tägliches Brot gib uns heute« macht deutlich, daß wir zwar noch auf der Erde bleiben, aber das Element, das dem Halschakra zugeordnet ist, der Äther, öffnet uns eine Tür in höhere Dimensionen. Nach altkirchlicher Auffassung ist der Äther das Element der Engel. So bitten wir um beides, daß das irdische Brot unseren Körper und das himmlische Brot unsere Seele ernährt. Wir erfahren, daß alles irdische Brot Abbild des himmlischen Brotes ist. Das wird besonders deutlich im Abendmahl.

Ein Abendmahlslied

Vorspiel

Ich bin das Brot, lade euch ein,
|: so soll es sein :|
Brot lindert Not, brecht es entzwei,
|: so soll es sein :|
Kyrie eleison, Christe eleison, Kyrie eleison.

Zwischenspiel

Ich bin die Quelle, schenk mich im Wein,
|: so soll es sein :|
Schöpft aus der Fülle, schenkt allen ein,
|: so soll es sein :|
Kyrie eleison, Christe eleison, Kyrie eleison.

Zwischenspiel

Nehmt hin das Brot, trinkt von dem Wein,
|: so soll es sein :|
So oft ihr das tut, will ich bei euch sein,
|: so soll es sein :|
Kyrie eleison, Christe eleison, Kyrie eleison.

Nachspiel

 Anleitung zum Tanz

Vorspiel: Wir stehen in Anbetungshaltung und blicken zur Kreismitte.

 Strophe eins bis drei: Wir halten uns in Reigenfassung (W-Haltung) bei den Händen und tanzen im Kreis, in wiegendem, weichem Tanzschritt.

 Kyrie eleison, Christe eleison, Kyrie eleison: Wir verbeugen uns langsam einmal zur Mitte, die Hände über der Brust gekreuzt (Anbetungshaltung).

 Zwischenspiel: Mit den Händen bilden wir jeweils einen Kelch und drehen uns langsam einmal um uns selbst.

 Nachspiel: Wir stehen in Anbetungshaltung und blicken zur Mitte.[31]

216

Erfahrung im Tanz

Das langsame Sichverbeugen, das Stehen in Gebetshaltung und das Sichausstrecken nach Gott senken sich tief in unsere Seele ein.

Stirnauge

Durch die Erfahrungen, die wir auf unserem Weg durch die Chakren gemacht haben, beginnen wir zu begreifen, daß unser Wollen und das, was Gott will, gar nicht so weit auseinander liegen. Unsere »Herzenswünsche« sind identisch mit dem Willen Gottes.

Wie eine Antenne fahren wir unseren menschlichen Geist aus, damit er die Stimme des göttlichen Geistes empfängt und hört, damit der Wille Gottes so auf Erden geschieht, wie er bei den Engeln im Himmel geschieht.

Bleibt, ihr Engel

Bleibt, ihr Engel, bleibt bei mir,
führet mich auf beiden Seiten,
daß mein Fuß nicht möge gleiten,
aber lehret mich allhier
euer großes ›Heilig‹ singen
und dem Schöpfer Dank zu bringen.
Bleibt, ihr Engel, bleibt bei mir.

Anleitung zum Tanz

Wir stehen im Kreis. Dankbar verbinden wir uns in unserer Vorstellung mit der Erde. Bewußt wollen wir einander die Hände geben. Wir halten die Handfläche der rechten

Hand gen Himmel und nehmen das an Kraft, Mut oder Heilung an, was wir brauchen. Wir lassen die himmlische Energie durch uns strömen und legen unsere linke Hand in die Hand des Tanzpartners, der links neben uns steht, und empfangen mit der rechten Hand die Hand des Partners von rechts. Wir halten uns bei den Händen. Von den Schultern lassen wir unsere Arme locker fallen. Mit diesem Lockerlassen lassen wir los, was uns belastet und angst macht. Gehalten von beiden Seiten und geborgen im Kreis können wir unseren Weg unter die Füße nehmen. Doch zuerst hören wir das Vorspiel an und kommen zur Ruhe. – Beim Einsatz des Tenors »Bleibt, ihr Engel« schreiten wir vier Schritte rechts, links, rechts und links. Wir halten uns bei den Händen und wiegen uns zur Mitte blickend nach rechts, nach links, nach rechts und wieder nach links. Wir schreiten wieder auf vier Seiten in Tanzrichtung, um uns wieder auf vier Seiten zu wiegen. Beim »Aber lehret mich allhier euer großes ›Heilig‹ singen und dem Schöpfer Dank zu bringen« heben wir langsam unsere Arme, wir halten uns dabei weiterhin an den Händen. Gegen Schluß senken wir die Arme. Das Nachspiel hören wir uns stehend an. Erst wenn die Musik beendet ist, lassen wir unsere Hände los[32].

Erfahrung im Tanz

Im einfachen Schreiten und Wiegen machen wir eine urmenschliche Erfahrung. Wir begehen unseren Lebensweg, dann ruhen wir uns aus. In dem wiegenden Hin und Her werden wir an das Wiegen im Mutterleib erinnert oder an eine andere Art von Gewiegtwerden.

Mit neuem Mut gehen wir weiter, um uns in der Meditation oder im Gebet mit neuer Kraft aufzuladen. Und wieder gehen wir ein Stück Weg, um dann wieder zur Ruhe zu kommen.

Kronenchakra

»In dir Gott ist alles enthalten: die Erde und der Himmel, die Mutter und der Vater, das Weibliche und das Männliche, das Böse und das Gute. Indem wir mit dir Gott verbunden sind, haben wir Anteil an deiner Ganzheit. So wird dein Name geheiligt.«
Im Kronenchakra ist der Weg aus der Tiefe in die Höhe zur Vollendung gelangt. Wie eine Lotosblüte in der Tiefe verwurzelt ist und die Blüte dem Himmel entgegenstreckt, so verbindet das Kronenchakra die Erde mit dem Himmel.

Der Weg in die Höhe –
Die »Lotosblüte«:

Anleitung zum Tanz

– Wir stehen im Kreis und halten uns an den nach oben gehobenen Händen (W-Haltung):

– Wir schreiten im Kreis in Tanzrichtung: rechts (1) – links (2) – rechts (3) – links (4) – rechts (5).
– Wir wenden uns zur Mitte. Mit dem linken Fuß überkreuzen wir den rechten und tippen mit der Fußspitze (6), dann nehmen wir den linken Fuß wieder zurück (7) und stellen den rechten Fuß neben den linken (8).

- Wir bilden mit den Händen langsam eine Schale und halten sie in die Höhe (1–2–3–4) und bringen sie dann langsam – ebenfalls im Viertakt – wieder zurück in die Ausgangsstellung (5–6–7–8).
- Wir nehmen wieder die W-Haltung ein und beginnen von vorn[33] …

Symbolische Bedeutung

Die W-Haltung symbolisiert sowohl den Abstieg (Oberarm) als auch den Aufstieg (Unterarm). Wir schreiten also vorwärts in dem Bewußtsein, daß zum Leben beides gehört. Dabei sind wir mit unseren Mitmenschen verbunden (wir halten uns an den Händen). Das Überkreuzen des rechten Fußes durch den linken macht deutlich, daß die Erfahrungen der Tiefe (linker Fuß) immer wieder unsere »bewußten« Erfahrungen (rechter Fuß) überkreuzen – jedoch nicht überschwemmen, sondern nur »antippen«.

Unser Bewußtsein (rechter Fuß) wird dadurch motiviert, sich mit den Erfahrungen der Tiefe zu verbinden (der rechte Fuß stellt sich neben den linken).

Diese ganzheitliche Erfahrung wird zu einem Weg in die »Höhe«, indem rechte und linke Hand eine Schale bilden und dadurch Bereitschaft und Sehnsucht zum Ausdruck bringen, sich von »oben« füllen zu lassen.

Daß die Hände wieder zurückgenommen werden und daß der Tanz von neuem beginnt, bedeutet, daß ganzheitliche Erfahrungen keine bleibenden Erlebnisse sind, sondern immer wieder neu erfahren bzw. »erschritten« werden wollen, wobei sowohl das gemeinsame Schreiten als auch das einsame Stehen vor Gott wesentlich sind.

Gebärden zum Vaterunser

Die folgenden Gebetsgebärden eignen sich gut, um nach der Vaterunser-Chakren-Meditation das Vaterunser gemeinsam zu beten.

Die Gebetsgebärden für das Vaterunser sind von den rituellen Gesten abgeleitet, wie sie vor allem in der Ostkirche noch gebräuchlich sind.

Eine begleitende Musik kann ad libitum verwendet werden. Bei verschiedentlichen Anlässen einer Feier mit liturgischem Tanz ist das Gebet wie hier in Begleitung des Largos für Piccolo-Blockflöte in C-Dur von Vivaldi gesprochen worden. Die Musik sollte leise im Hintergrund spielen, während der Sprecher den Text entweder allein spricht oder gemeinsam mit der Gruppe, die die Gebärden ausführt. Jede Gebärde braucht Zeit, da die Gebärde den Gehalt des Gebetes in Zeichen umsetzt.

Aufstellung: Im geschlossenen Kreis oder Halbkreis, Front zur Mitte.

Text	*Bewegungseinheit*	
Vater unser im Himmel.	Arme vor der Brust, re über li kreuzen;	
Geheiligt werde dein Name.	Hände öffnen sich zur Schale in Augenhöhe; Ellbogen weisen nach vorne; Handflächen innen;	

Text	Bewegungseinheit	
Dein Reich komme. Dein Wille geschehe, wie im Himmel, so auf Erden.	Hände bilden einen Kreis vor dem Gesicht; re oberhalb von li: Hände langsam vor den Mittelkörper senken, als ob sie eine unsichtbare Kugel halten;	
Unser tägliches Brot gib uns heute.	aneinandergelegte Handflächen in gewohnte Gebets-haltung bringen;	
Und vergib uns unsere Schuld, wie auch wir vergeben unsern Schuldigern.	Hände vors Gesicht halten, Gesicht in den Handflächen verbergen Kopf senken;	
Und führe uns nicht in Versuchung.	li Hand aufs Herz legen, re Arm ange-winkelt nach vorne halten, Handfläche nach oben;	
Sondern erlöse uns von dem Bösen.	beide Arme leicht angewinkelt seitlich des Mittelkörpers halten; Handflächen zeigen nach oben;	

Text	Bewegungseinheit
Denn dein ist das Reich	Arme in Orante-haltung; Handflächen nach vorn, Daumen und Zeigefinger beider Hände bilden einen Kreis;
und die Kraft	dieselbe Haltung, Arme weiter nach außen gebreitet, Handflächen offen nach vorne;
und die Herrlichkeit in Ewigkeit.	Arme nach oben strecken; Fingerspitzen berühren sich fast zum Kreis über dem Kopf;
Amen.	Arme werden seitlich heruntergeführt, Fingerspitzen berühren sich fast zum Kreis unten.[35]

Helfer
auf dem Weg

Farben, Steine, Düfte und
Bachblüten

Mit einer kleinen Reisegruppe fuhren wir südwärts. Wir hatten vor, die letzten schönen Herbsttage in Italien zu verbringen. Als wir uns der Grenze näherten, wurde eine Reiseteilnehmerin von Angst gepackt. Offensichtlich waren die Gefühle der Enge und der Panik bei ihr so stark, daß sie den Eindruck hatte, sie müsste die Reise abbrechen und wieder umkehren. Nach einer Weile des Beratens und Abwägens nahm eine Reiseteilnehmerin ein kleines Fläschchen aus der Tasche und erklärte, das seien »Notfalltropfen«, die könnten den Zustand der Angst und Spannung mildern. Sie erklärte, daß Notfalltropfen zu den vom Arzt Dr. Bach entdeckten Blütenessenzen gehören und daß sich in den Notfalltropfen eben solche Essenzen befinden, die angstlösende und ausgleichende Wirkung hätten.

Nachdem die verängstigte Frau einige Tropfen davon zu sich genommen hatte, schien sich ihr Zustand so zu bessern, daß sie bereit war, weiterzufahren. Da meinte die Spenderin, daß es wichtig sei, nicht nur Notfalltropfen einzunehmen, sondern zu einem späteren Zeitpunkt der »Grenzüberschreitungsangst« auf die Spur zu kommen. Wie der Name sage, helfen diese Tropfen zwar in der Not, aber das Problem, das in einer Notsituation zum Vorschein komme, müsse ebenfalls angegangen und gelöst werden. »Bachblüten sind Helfer auf dem Weg«, sagte sie,

224

und wir stiegen wieder in den kleinen Bus und fuhren weiter.

Ähnlich ist es mit Farben, Steinen und Düften. Sie sind Helfer auf dem Weg. Auf meinem Arbeitstisch steht ein gläsernes Duftlämpchen, einige Tropfen Rosenöl verströmen einen wunderbaren Duft. Vor meinem Fenster strekken sich die Blätter der Sträucher und Bäume der wärmenden Sonne entgegen. Das helle Grün ist eine Wohltat für Augen und Seele. Und auf dem Fenstersims liegen Kristalle, sie sind klar und transparent.

Farben, Steine, Düfte und Bachblüten sind Helfer auf dem Weg. Der wunderbare Duft des Rosenöls erinnert mich daran, daß hinter dieser realen Welt Wunder und Düfte verborgen sind, die darauf warten, entdeckt zu werden. Der Duft ermutigt mich, den Wundern des Lebens noch intensiver nachzugehen und sie in mein Leben hereinzulocken.

Die Steine weihen mich ein in die Geheimnisse des Durchsichtigseins und Transparentwerdens. Wenn ich sie anblicke, habe ich den Eindruck, daß sie mich teilhaben lassen am göttlichen Wissen.

Farben, Steine, Düfte und Bachblüten stehen als wunderbare Helfer für uns bereit, und wir können uns ihnen jederzeit zuwenden und ihre Hilfe in Anspruch nehmen, wenn wir das wollen.

Kürzlich war ein Student bei uns zu Besuch. Wir kamen auf diese kleinen Helfer zu sprechen. Da erzählte der Student von drei Frauen, denen er kurz zuvor im Zug zugehört hatte. Offensichtlich hatten sie an einem Kurs über Bachblüten teilgenommen, ihre Begeisterung sei so fanatisch gewesen, daß ihm wieder einmal mehr die Gefahr dieser Tropfen und Steine bewußt geworden sei. Während des Gesprächs ereiferte sich der Student immer mehr und redete unter anderem von »Gottesersatz«.

Zwei Möglichkeiten, auf diese Helfer zu reagieren, verkörpern dieser Student und die drei Frauen. Vielleicht haben diese Frauen so überschwenglich und »fanatisch« von den Bachblüten gesprochen, daß der Student sich für diese Menschen verantwortlich gefühlt hatte, die anstatt sich an Gott zu wenden nach Steinen und Blüten greifen.

Daß hinter diesem »Verantwortungsgefühl« Angst verborgen war, wurde im Verlauf des Gesprächs deutlich.

Es geht hier nicht darum, jemandem Bachblüten, Steine oder Düfte aufzuschwatzen, sondern darum, Möglichkeiten aufzuzeigen, wie diese uns von der Natur gegebenen kleinen Wunder auf unserer inneren Reise zu Helfern werden können.

Wenn Menschen im Übereifer die Lösung ihrer Probleme von Bachblüten erwarten, dann werden sie ihre Erfahrungen machen, und die tiefersitzenden Probleme werden sie wieder einholen.

Die Notfalltropfen halfen der Frau, ihre Reise in den Süden fortzusetzen, doch die panische Angst, die beim Grenzübergang zum Vorschein gekommen war, war damit in der Wurzel nicht gelöst. »Grenzübergänge« wurden für jene Frau zu einem Thema, mit dem sie sich nach den Ferien während längerer Zeit beschäftigte. Sie wurden zu einem Thema, das sie schließlich faszinierte und ihr Bereiche des Lebens erschloß, die sie nie kennengelernt hätte, wenn die Urangst nicht aufgebrochen wäre. Den unbekannten Lebensbereichen wäre sie aber auch nie auf die Spur gekommen, wenn sie alle Ängste immer mit Notfalltropfen abgeblockt hätte.

Wenn der Student der Angst um das Seelenheil anderer

Menschen nachgeht, wird er seiner eigenen Angst zu Leibe rücken können. Vielleicht wird er die Erfahrung machen, daß Gott viel größer ist und daß er als Schöpfer unserer wunderbaren Natur auch durch Steine leuchtet, durch Blumen duftet und durch Bachblüten heilt. Vielleicht wird dieser Student bald auch Tropfen nehmen, die ihn ermutigen, so wie er Kamillentee trinkt, um sich zu beruhigen. Vielleicht auch nicht – denn es müssen sich ja nicht alle Menschen für Blüten und Düfte interessieren.

Auch gibt es Frauen und Männer, die noch so natürlich mit der Erde verbunden sind, daß sie sich in der Natur durch Farben, Düfte und Pflanzen Kraft schenken lassen. Gott als Schöpfer unserer Erde ist so gegenwärtig, daß es selbstverständlich ist, daß alle Hilfe letztlich von ihm kommt.

> Gott schläft im Stein,
> Gott atmet in der Pflanze,
> Gott träumt im Tier,
> Gott erwacht im Menschen.

Ein großer Park umgibt das Psychiatriezentrum, in dem ich viele Jahre lang gearbeitet habe. Zwischen den Therapiestunden ging ich, anstatt durch die Gänge der Klinik zu laufen, lieber unter den alten Bäumen des Parks spazieren. Mit der Zeit kannte ich immer mehr Bäume und machte Erfahrungen mit ihnen. Sie spendeten mir Kraft, Heiterkeit oder lösten Phantasie und Liebe in mir aus. Durch die Bäume bin ich auf die Bachblütenessenzen aufmerksam geworden. Ich erlebte, daß bestimmte Essenzen der Bachblüten dieselbe Energie spendeten wie bestimmte Bäume.

Ich denke, daß der Weg auch in umgekehrter Richtung geht, daß immer mehr Menschen durch Therapien mit

Farben und Blüten wieder sensibel werden für die Natur und für die damit verbundene Verantwortung für die Schöpfung.

Jeder Grashalm hat einen Engel,
der ihn antreibt und ihm
zuflüstert: »Wachse, wachse!«

Hebräisch

Die Vaterunser-Chakren-Meditation hilft uns, auf unserer Lebensreise voranzukommen. Am Wegrand begegnen uns aber auch Farben, Steine, Düfte und Blüten. Sie verbinden uns mit der Erde und öffnen uns die Augen für den Himmel. Indem wir weiterschreiten, sind wir offen für beides, für das Irdische und für das Himmlische.
Steine können wir auch auf die Chakren legen. Sie aktivieren die Chakren, sie sollten jedoch nicht zu lange angewendet werden. (Am Anfang nur einige Minuten. Wir wollen lernen, in uns zu lauschen, um zu erspüren, was für uns stimmt.)
In der Vaterunser-Chakren-Meditation wird jedes Vaterunsermantra mit den entsprechenden Farben verbunden. Dadurch werden wir sensibilisiert, um allmählich zu erspüren, welche Farbe unsere Seele braucht.
Düfte aus dem Duftlämpchen können einen ganzen Raum erfüllen und eingeatmet werden. Im Bad können Düfte noch zusätzlich durch die Haut aufgenommen werden. Für ein Vollbad werden die Duftessenzen in ca. zwei Eßlöffeln Honig aufgelöst, damit sie sich im Wasser verteilen und nicht als Öltröpfchen auf der Oberfläche schwimmen. (Nur naturreine Essenzen verwenden!)

Bachblüten können vielerorts gekauft werden, immer mehr Frauen stellen sie jedoch auch selber her. Es gilt, offen zu werden für Erfahrungen, die uns die Pflanzen selbst vermitteln.

Die Helfer und die Chakren

Das *Wurzelchakra* erinnert uns daran, daß hier auf der Erde im alltäglichen Leben die Aufgaben, die uns vor die Füße gelegt werden, bewältigt werden wollen.
Dabei helfen uns Farben und Steine: Rot ist die Farbe der Erde, des Blutes und der Energie. Rote Steine sind Rubin, Granat und Achat.
Von den Bachblüten weckt die Espe das Vertrauen ins Leben, und das Tausendgüldenkraut schenkt Ich-Stärke und fördert ein gutes Gefühl für die eigene Identität. Düfte, die dem Wurzelchakra zugeordnet werden, sind Zeder, die uns mit der Erde verbindet, und die Gewürznelke, die Stauungen im Wurzelbereich auflöst.
Das *Polaritätschakra* erinnert uns an Themen wie »Wir und die anderen«. Wenn Mitmenschen als Bedrohung empfunden werden und Angst, Neid oder Eifersucht auslösen, dann helfen folgende Farben und Steine: Orange erinnert uns an die im Meer untertauchende Abendsonne. Nur wer hinabsteigt ins eigene Unbewußte, kommt den Ängsten und Eifersüchten auf die Spur. Orange Steine sind Karneole oder Korallen.
Von den Bachblüten hilft Heidekraut, damit ich den Gegenpol in mir und in den anderen erkenne und akzeptiere. Lärche stärkt das Selbstbewußtsein und die Fähigkeit zur Einsicht in die Schattenproblematik. Düfte, die dem Polaritätschakra zugeordnet sind, sind

Ylang-Ylang und Sandelholz, sie helfen Einseitigkeit und Isolation zu überwinden.

Im *Sonnengeflechtschakra* werden die anderen zu Spiegeln, in denen ich erkenne, daß das, was mich ärgert oder mit Neid erfüllt, in mir selbst ist. Das kann sein wie ein »Durchs-Feuer-Gehen«. Aber im Aushalten dieser Spiegelbilder geschehen Selbsterkenntnis und Umwandlung.

Die gelbe Farbe erinnert an die feuriggelbe Sonne, die Wandlung bewirkt. Gelbe Steine sind Bernstein, Zitrin und Tigerauge. Von den Bachblüten hilft uns Edelkastanie, uns dem inneren Wandlungsprozeß hinzugeben. Der Ackersenf unterstützt die Metamorphose und die Sinnfindung des Lebens.

Düfte, die dem Sonnengeflecht zugeordnet werden, sind Rosmarin, das belebend und anregend wirkt, und Bergamotte, das die Lichtkräfte fördert.

Im *Herzchakra* kann – wenn das Feuer der Selbsterkenntnis durchstanden ist – Vergebung geschehen. Weil ich die anderen auch in mir wahrgenommen und angenommen habe, kann ich mir und den anderen vergeben.

Die grüne Farbe ist die Farbe der Mitte. Sie ist eine Mischung zwischen dem Gelb des Feuers und dem Blau des Himmels. Im Feuer geläutert und durchweht vom Himmel, das ist wahre Liebe. Da sind Neuanfang und Vergebung möglich. Zu den grünen Steinen gehören Jade und Smaragd.

Von den Bachblüten fördert Quellwasser das Ganzwerden. Es unterstützt echte Toleranz und Liebe. Die Roßkastanie hilft beim Loslassen und Vertrauen.

Der Duft, der dem Herzchakra zugeordnet wird, ist Rosenöl, das eine harmonisierende Wirkung hat.

Das *Halschakra* ist mit der Bitte »Unser tägliches Brot gib uns heute« verbunden. Das irdische Brot, das den äußeren Mensch ernährt, erinnert uns an das himmlische Brot, das unseren inneren Menschen ernährt. Die hellblaue Farbe ist die Farbe des Himmels. Hellblaue Steine sind Türkis und Aquamarin.

Von den Bachblüten helfen uns Wegwarte und Geißblatt vertrauensvoll weiterzuschreiten auf unserem Weg.

Düfte, die dem Halschakra zugeordnet werden, sind Salbei und Eukalyptus, die Verkrampfungen im Halsbereich lösen.

Das *Stirnauge* ist verbunden mit der Vision des Reiches Gottes und der Erkenntnis des Wesentlichen.

Die indigoblaue Farbe ist eine mystische Farbe. (Mystik heißt, die äußeren Augen schließen, um das Eigentliche zu sehen.) Die zu dieser Farbe gehörenden Steine sind Lapislazuli und Sodalith.

Als Bachblüten gehören zu diesem Chakra der Stechginster, der Hoffnung weckt, oder die Holzapfelblüte, die die Traumfähigkeit fördert.

Düfte, die dem Stirnauge zugeordnet werden, sind Minze und Jasmin, die unseren Geist für Visionen, Träume und Einsicht in tiefere Wahrheiten öffnen.

Das *Kronenchakra* verbindet die Erde mit dem Himmel.

Die zugeordnete Farbe ist violett – eine Verschmelzung des irdischen Rot mit dem himmlischen Blau. Der dazugehörige Stein ist der Amethyst. Als Bachblüte gehört zu diesem Chakra der bittere Enzian, der das Gottvertrauen stärkt.

Düfte, die dem Kronenchakra zugeordnet werden, sind Olibanus (Weihrauch), der unsere Sinne für die göttliche Welt öffnet, und Lotus, der die Vereinigung von Erde und Himmel symbolisiert.

Grundschema des
Tibetanischen Mandalas

Ausklang und Dank

Wir sind miteinander Schritte auf dem Weg zur Ganzheit gegangen. Im Symbol des Mandalas leuchtet diese Ganzheit auf, ebenso in Augenblicken, in denen wir von tiefem Frieden erfüllt sind, in denen die Zeit stillzustehen scheint und die Grenzen zwischen der diesseitigen und der jenseitigen Welt durchlässig werden.

Tibetanische Mönche, die mit farbigem Sand in wochenlanger, schweigender Arbeit Mandalas gestalten, wischen diese wunderbaren Ganzheitssymbole am Schluß zusammen und schütten sie in ein fließendes Gewässer.

So lassen auch wir die Augenblicke, in denen wir die Ganzheit erahnen, wieder los, um weiterzuschreiten auf unserem Lebensweg. Aber der Funke des Friedens bleibt in uns, und das Licht des Himmels breitet sich auf unserer Erde aus.

Es ist mir ein Anliegen, all denen zu danken, die die Entstehung dieses Buches begleitet haben. Die Frauen und Männer der verschiedenen Meditationsgruppen und -kurse waren mir während der Zeit, in der ich geschrieben habe, gegenwärtig. Ihnen danke ich für die Wegstrecke, die wir mit der Vaterunser-Chakren-Meditation gegangen sind (und noch gehen), und für die Erfahrungen, die wir miteinander gemacht haben. Ebenso danke ich den Tänzern und Tänzerinnen der Meditationstanzkreise und der Gruppe »Miteinander unterwegs« für alle gemeinsamen Erlebnisse und alle Ermutigung. Meinem Mann danke ich für die Gespräche und wohlwollende Unterstützung. Der Familie Dormann und Betty Strehler danke ich für die

Erstellung des Manuskripts und Brigitta Théler für die Entwürfe zu den Grafiken.
Besonders danke ich Arnold Bittlinger, der die Entstehung dieses Buches kritisch und engagiert begleitet hat.
Danken möchte ich aber auch im voraus allen, die dieses Buch lesen werden und mir dann ihre Meinung dazu schreiben als Echo und Anregung.

Gertrud Erni
Windeggstraße 7
CH-8203 Schaffhausen

Anmerkungen

1 Bittlinger, A.: Das Vaterunser. Erlebt im Licht von Tiefenpsychologie und Chakrenmeditation. Kösel-Verlag, 3. Aufl. 1992. Dieses Buch empfehle ich als Ergänzung und Vertiefung

2 Dieses Interview beruht auf einem Gespräch, das Lorenz Marti im Schweizer Radio DRS mit A. Bittlinger geführt hat. In meinem Gespräch mit A. Bittlinger habe ich mich weitgehend dieser Fragen bedient.

3 Jung, C. G./ Wilhelm, R.: Das Geheimnis der goldenen Blüte. Diederichs Verlag, 1971, S. 42f.

4 Wallimann, S.: Umpolung. Vom Materiellen zum Geistigen. Verlag Hermann Bauer, 1988, S. 41f.

5 Bittlinger, A.: Das Vaterunser, a. a. O., S. 12

6 Gen 1,1

7 Apg 17, 28

8 Ps 34,9 (»Schmecket und sehet, wie gut der ewige Gott ist«) und Petr 2,3

9 1 Kor 15,28

10 Mt 7,2ff.

11 Mk 8,34

12 aus Bittlinger, A.: Das Vaterunser, a. a. O. Die Meditationstexte zu den einzelnen Vaterunseraussagen sind wörtlich wiedergegeben. Die Schreibweise ist angeglichen. Ich zitiere das Vaterunser nach dem Evangelischen Gesangbuch, Ausgabe für die Evangelisch-Lutherische Kirche in Bayern.

13 Gen 1,2f.

14 aus Bittlinger, A.: Auf dem Weg zur Ganzheit. Eine Deutung des Grimmschen Märchens »Das Mädchen

ohne Hände«. Metanoia Verlag, 5. verb. Aufl. 1990. Ebenso: Es war einmal. Grimms Märchen im Lichte von Tiefenpsychologie und Bibel, Knaur Verlag, 1994.

15 Ps 103,2 (»Vergiß nicht, was Gott dir Gutes getan hat«)

16 Eucharistie heißt wörtlich Danksagung, Dankbarkeit und ist das Dankgebet vor dem Abendmahl und dieses selbst (kath. Kirche)

17 Amrita entspricht dem göttlichen Nektar. Vgl. Bittlinger, A.: Das Vaterunser, a. a. O., S. 81f.

18 Bittlinger, Cl.: Mensch sing mit. CD Nr. 60074. Textbuch, Pila music Nr. 30205

19 Bittlinger, A.: Das Vaterunser, a. a. O., S. 91ff.

20 1 Petr 4,11

21 Das erwähnte Buch wird vom Knaur Verlag neu aufgelegt und erscheint 1994 unter dem Titel: Der Weg eines Pilgers

22 Zitat aus Wallimann, Fr.: Pragma, 1991, S. 16f.

23 Szekely, E. B.: Das Friedensevangelium der Essener. Verlag Bruno Martin, 1987, S. 50

24 Text: Theresia von Avila (Teresa de Jesús), Nada te turbe. Musik: Alleluja. Taizé-Kassette TZ-453. Choreographie von Wosien, M.-G.

25 aus Lander, H. M.: Tanzen will ich. Bewegung und Tanz in Gruppe und Gottesdienst. Pfeiffer Verlag, 1983

26 aus Onnen, G.: Tänze des universellen Friedens: Dancing with the aramaic Jesus

27 aus : Brief des Häuptlings Seattle an den Präsidenten der Vereinigten Staaten von Amerika, 1855. Melodie: Vesper, St.

28 vereinfachte Form einer Choreographie von Wosien, M.-G.: Music of the Incas. Kassette Capitol Series

29 Melodie: Jesusbruderschaft, Gnadental. Choreographie von Erni, G.

30 Musik: Engadiner Ländlerfreunde, Wau das isch Musig. Schallplatten AG

31 aus Bittlinger Cl.: Mensch sing mit, a. a. O., Choreographie von Erni, G.

32 Bach, J. S.: Es erhub sich ein Streit. Aus der Kantate zu Michaelis. Choreographie von Erni, G.

33 Vivaldi, A.: Largo. Aus dem Konzert für Violine und Orchester D-Dur, op. 8, Nr. 4. Choreographie von Wosien, B.

34 aus Wosien, M.-G.: Sakraler Tanz. Kösel-Verlag, 1988. Der Abdruck erfolgt mit freundlicher Genehmigung der Autorin.

Abbildungsnachweis

Die Abbildungen der Seiten 175 und 232 wurden dem Buch »Christliche Bildmeditation«, Kösel-Verlag, 1975, von A. Rosenberg entnommen, die Abbildung der Seite 189 dem Buch »Wir sind die Töchter unserer Mütter – und die Mütter unserer Töchter«, Metanoia Verlag, 1993, von G. Erni und stammt von Ch. Seiterle.

Information über Kurse und Tagungen

Auskunft über Kurse zur Einübung in die Vaterunser-Chakren-Meditation, in Märchen und Symboltänze und über andere Tagungen erhalten Sie bei:

Oekumenische Akademie
Tellstraße 2
CH-8004 Zürich